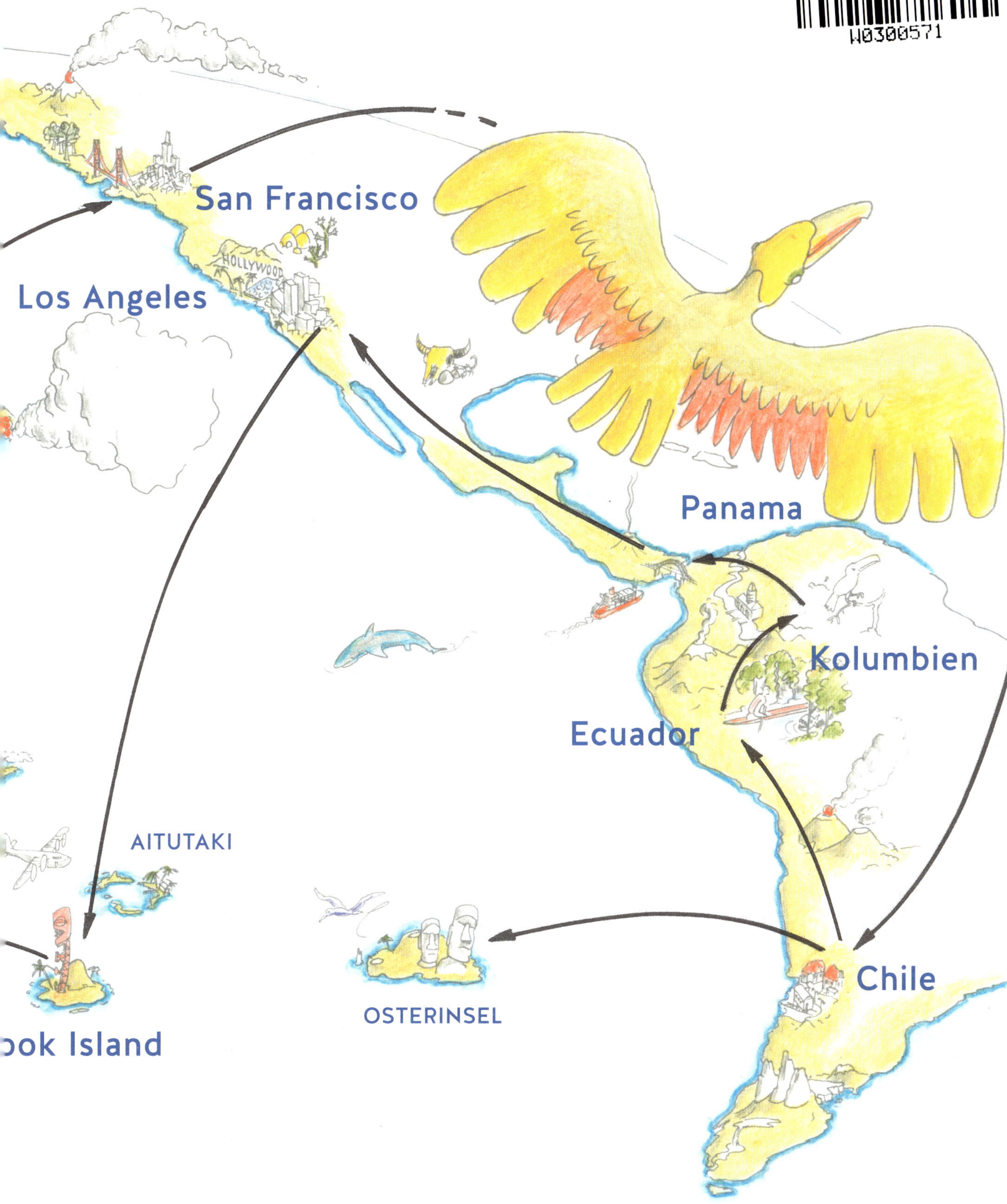
San Francisco
Los Angeles
Panama
Kolumbien
Ecuador
AITUTAKI
Chile
OSTERINSEL
ook Island

PACIFIC FOOD

PACIFIC

Das Reisekochbuch rund um den Pazifik

Von Hongkong bis Ecuador, von Yap bis L.A.

FOOD

AUTOREN: HEIDI KÖSTER & CLAUS HILTNER

FOODFOTOS: SILVIO KNEZEVIC

REISEFOTOS: HEIDI KÖSTER

ILLUSTRATIONEN: CLAUS HILTNER

INHALT

* Im Glossar sind alle Zutaten erklärt, die in den Zutatenlisten mit einem Sternchen gekennzeichnet sind.

Stille Wasser sind tief, sagt man. Der Stille Ozean ist nicht nur das, sondern außerdem weit, vielfältig, spannend, lebendig, kulturell und kulinarisch enorm reichhaltig. Nur still zeigt er sich keineswegs immer.

Was es hier wohl an Genussgeheimnissen zu entdecken gibt? Auch unterwegs ist Heidi Köster immer auf der Suche nach kulinarischen Inspirationen. Von ihr stammen die Rezepte und Reisefotos in diesem Buch. Die Texte sind das Gemeinschaftswerk beider Autoren.

PAZIFISCHE WELTEN

Knapp dreizehn Flugstunden trennen Los Angeles vom neuseeländischen Auckland. Die meisten Passagiere überqueren den Pazifik größtenteils im Schlaf, ohne zu ahnen, was für landschaftliche Schönheiten gerade unter ihnen vorüberziehen – dabei hat sicher jeder schon mal von der Südsee geträumt. Wir waren neugierig und wollten diesen so oft in Vergessenheit geratenen Raum zwischen Asien und Amerika kennenlernen.

So entstand der Plan für eine Reise in Etappen entlang des pazifischen Feuerrings. Eine Kette aktiver Vulkane umschließt diese einzigartige Welt, die von Feuer und Wasser geformt wird. Wir bereisten den Stillen Ozean in vierzehn Stationen: Von den Gletschern Patagoniens aus durchquerten wir Süd- und Mittelamerika in Richtung Norden, um von Los Angeles aus in die Weiten des Pazifiks zu starten. Nach dem Besuch mehrerer kleiner Inselstaaten – den Cook Islands, Tonga und Samoa – erreichten wir Neuseeland, Australien und schließlich Asien. Über Hongkong verließen wir den asiatischen Kontinent, um wieder in die Inselwelt Mikronesiens einzutauchen. Nachdem wir Hawaii kennengelernt hatten, schloss sich der Kreis in San Francisco.

Auf unserer Reise suchten wir immer den Kontakt zu den Menschen, denn wir wollten wissen, was ihre jeweilige Heimat ausmacht. Die kulinarische Seite interessierte uns dabei besonders: Nicht nur, weil wir gutes Essen lieben, sondern auch, weil Kochen mehr ist als Genuss. Es kann Türen öffnen und zum Verstehen beitragen. Zu unserer Überraschung stellten wir immer wieder fest, wie viele Gemeinsamkeiten selbst weit entfernte Orte haben und wie rege der Austausch ist.

Unsere Eindrücke hielten wir mit Zeichenstift, Fotoapparat und Kugelschreiber fest. Obwohl wir beim mehrfachen Überqueren der Datumsgrenze manchmal das Gefühl für die Zeit verloren, ließen wir eines niemals aus den Augen: unsere Idee, diese vielgestaltige Welt mit der Sprache des Kochens und der des Zeichnens zu beschreiben.

Einen Anspruch auf Vollständigkeit erheben wir dabei nicht. Uns geht es vielmehr darum, Verbindungslinien sichtbar zu machen und zu zeigen, wie kreativ die einzelnen Küchen mit ihren Zutaten und kulinarischen Einflüssen spielen. Genau darauf wollen wir Lust machen: auf Entdeckungsreisen in die Welt pazifischer Genüsse. Dafür ist es noch nicht einmal nötig, in ein Flugzeug zu steigen, denn mit diesen Rezepten funktioniert das selbst am eigenen Herd.

Das Zeichnen auf Reisen verlangt Claus Hiltner gelegentlich Improvisationstalent ab, und so dienen ihm nicht selten sogar Werbeseiten aus Tageszeitungen als Zeichenblock. Zu diesem Buch hat er alle Illustrationen beigesteuert.

TYPISCH PAZIFISCH

Einige Zutaten und Zubereitungen sind uns rund um den Stillen Ozean immer wieder begegnet – ein weiterer Beweis dafür, wie viele kulturelle Verbindungslinien über die Weite dieses Meeres hinwegführen.

IMMER WIEDER ROHER FISCH

Ceviche in Südamerika, Poke und Lomi Lomi auf Hawaii, Ika Mata, Ota Ika oder Kokoda in der Südsee und Sashimi im japanverliebten Kalifornien: Gerichte mit rohem Fisch fanden wir an vielen Orten unserer Reise. Dabei ist der Fisch streng genommen gar nicht immer roh. Sobald nämlich eine Marinade mit Säure ins Spiel kommt, denaturieren die Eiweiße des Fischfleischs – es wird »kalt gekocht«. Je länger es in der Marinade liegt, desto weißer und zarter wird es.

Südamerikaner wenden den Fisch oft nur für Sekunden in Zitrussaft, in der Südsee legt man ihn dagegen meist über Nacht ein. Im Grunde ist es aber Geschmackssache, wie stark er »gegart« sein soll. Deshalb haben wir in den Rezepten immer eine recht flexible Zeitspanne angegeben. Wer den Fisch glasig mag, serviert ihn nach wenigen Stunden, andere lassen ihn länger ziehen. Je fester der Fisch, desto länger braucht er.

Auf Hawaii hat das »kalte Kochen« keine Tradition. Feine Fischscheibchen – Poke bedeutet »geschnitten« – werden hier mit Sojasauce und Sesamöl gemischt. Das Salz der Sojasauce sorgt dafür, dass der Fisch fester wird und fast wie gebeizt schmeckt. Limettensaft gibt man, wenn überhaupt, erst kurz vor dem Servieren dazu. Für Lomi Lomi wird Lachs erst gebeizt und dann mit anderen Zutaten zu einem Salat gemischt, und zwar gründlich und von Hand. Der Name bedeutet »reiben« oder auch »massieren«.

Grundvoraussetzung für alle Gerichte mit rohem Fisch ist absolute Frische. Verlangen Sie auf jeden Fall Fisch in Sushi-Qualität und verarbeiten Sie ihn am Tag des Einkaufs. Um letzte Gräten aus dem Filet herauszuziehen, gibt es spezielle Grätenpinzetten. Aber am einfachsten funktioniert das mit einer Kombizange.

KOKOS: SCHATZ UNTER HARTER SCHALE

Die Kokosnuss ist aus den Küchen des südlichen Asiens und des Pazifiks nicht wegzudenken, denn sie liefert reichlich Nährstoffe wie gesunde Fette, Vitamine und Mineralstoffe. Das Wasser grüner Kokosnüsse wird zur Erfrischung getrunken und taucht, in Flaschen abgefüllt, auch bei uns zunehmend in Geschäften auf. Die reifen Nüsse in der haarigen, braunen Schale liefern Kokosnussfleisch. Frisch geraspelt, gehört es im pazifischen Raum in Salate, Currys und Würzsaucen. Wer nicht selbst knacken und raspeln möchte, findet in vielen Asienläden fertig zerkleinertes Kokosfleisch in der Tiefkühltruhe. In manchen Rezepten lassen sich stattdessen auch die üblichen getrockneten Kokosraspel verwenden.

Wird frisch geraspelte oder getrocknete Kokosnuss mit Wasser versetzt und ausgepresst, gewinnt man je nach Verdünnung dickere Kokoscreme oder flüssigere Kokosmilch. Beides wird in den Küchen rund um den Pazifik gerne eingesetzt. In Asien ist Kokosmilch ein wichtiger Bestandteil von Suppen und Currys, während auf den Südseeinseln praktisch alles in Kokoscreme geschmort wird – egal ob Fisch, Fleisch oder Gemüse. Sie macht Suppen cremiger, kommt geschlagen als Topping über den Kuchen und schmeckt anstelle von Milch oder Sahne im Kaffee. Kokosmilch gibt es inzwischen überall zu kaufen; Kokoscreme taucht in Geschäften unter verschiedenen Namen auf: Cremige Kokosmilch, Coconut Cream, Creamed Coconut. Für die Rezepte in diesem Buch kam Kokoscreme aus der Dose zum Einsatz; Sie können aber auch die festere Masse verwenden, die sich häufig oben in Kokosmilchdosen absetzt. Kokoscreme im Block eignet sich vor allem, um Gerichte etwas sämiger zu machen. Sie wird einfach stückweise in die heiße Flüssigkeit gegeben und löst sich darin auf.

YUCA, CASSAVA, MANIOK

Yuca, je nach Verbreitungsgebiet auch Cassava oder Maniok genannt, spielt im pazifischen Raum die Rolle, die bei uns die Kartoffel innehat. Als Beilage, als Snack oder als Zutat für Backwaren: Die stärkehaltigen Knollen sind uns auf unserer Reise überall begegnet. Da sie im rohen Zustand giftig sind, müssen sie immer gekocht werden. Das Gleiche gilt für Taro, eine bis zu steckrübengroße Wurzel, die ähnlich verwendet wird und ein wunderbares Aroma besitzt. Falls Sie auf Ihrer Suche in asiatischen, lateinamerikanischen oder afrikanischen Spezialitätengeschäften keine frischen gefunden haben, können Sie sowohl Yuca als auch Taro im Asienladen tiefgefroren kaufen. Setzen Sie die gefrorenen Stücke einfach mit kaltem Wasser auf und garen Sie sie nach dem Kochen je nach Größe 20 bis 30 Minuten.

HERZHAFTE BANANEN

Auch Kochbananen sind in vielen Ländern rund um den Pazifik beliebt. Es gibt sie bei uns in Asienläden oder afrikanischen Geschäften zu kaufen, oft auch unter dem englischen Namen »plantain« oder dem spanischen »plátano«.

Ihr Geschmack und Verwendungszweck hängt vom Reifegrad ab: Grüne bis grüngelbe Früchte sind im Anschnitt sehr fest, schmecken eher mehlig und lassen sich mit dem Messer nur schwer schälen. Sie eignen sich zum Frittieren oder Kochen und können auch gestampft als Beilage serviert werden. Gelbe bis gelbschwarze Bananen lassen sich leicht schälen und schneiden. Sie entwickeln bereits das typische Aroma und können gebraten, gebacken, gekocht (und gegebenenfalls gestampft) sowie frittiert werden. Sie passen zu herzhaften Gerichten. Sobald die Früchte schwarz aussehen, eignen sie sich für Desserts. Sie werden aber in diesem Zustand auch zu Bananenchips weiterverarbeitet. Wenn Sie keine Kochbananen im gewünschten Reifegrad bekommen, können Sie sie auch zu Hause nachreifen lassen, am besten bei Zimmertemperatur in einer braunen Papiertüte. Das kann allerdings eine Woche oder sogar länger dauern.

OHNE TOPF UND PFANNE

Rund um den Pazifik gart man bis heute vielfach in Erdöfen. Meist werden die Speisen für diese sehr ursprüngliche Garmethode in Blätter eingewickelt und auf heißen Steinen in einer Mulde im Boden gegart. Aber auch ohne Erdofen sind uns auf unserer Reise immer wieder in Blättern gegarte Gerichte begegnet. Die Lebensmittel werden dabei eigentlich im eigenen Saft gedämpft, denn die Feuchtigkeit kann nicht aus der grünen Verpackung entweichen. So bleibt das Gargut zart und saftig. Manche Blätter geben den Gerichten außerdem ein feines Aroma.

Am häufigsten werden Bananenblätter verwendet, die schön groß sind und sich daher wunderbar für Päckchen aller Art eignen. In Südamerika werden außerdem gerne die Hüllblätter von Maiskolben benutzt, im Amazonasbecken die großen Yaki-Panga-Blätter. Auf Hawaii erfüllen die Blätter der Ti-Pflanze dieselbe Funktion.

In Asien gehören Fisch im Bananenblatt, Rindfleisch in Betelblätttern oder Huhn in Pandanusblättern zu den beliebten Gerichten. Das hat den Vorteil, dass es diese Blattsorten auch bei uns mit etwas Glück im Asienladen gibt: entweder frisch oder tiefgefroren.

33° 26' 56.003" S 70 40' 9.355" W

CHILE

Chile ist ein Land der Kontraste: Feuer und Eis, Wüsten und Gletscher. Während hinter der Hauptstadt Santiago de Chile die schneebedeckte Silhouette der Anden emporragt, gedeihen im Umland die Trauben für hervorragende Weine. Mit Zutaten aus klimatisch so unterschiedlichen Anbaugebieten herrscht auch in der Küche reichlich Abwechslung.

Im tiefsten Süden Chiles gelangen wir mit dem Schiff ganz nah an die blau schimmernden Gletscherwände heran. Eisstückchen daraus kühlen den Pisco Sour, den uns der Kapitän servieren lässt.

Die isoliert im Pazifik liegende Osterinsel mit ihren mehr als tausend Steinfiguren gehört zwar politisch zu Chile, geografisch aber bereits zur vielfältigen Inselwelt Polynesiens.

Ein Monument für Salvador Allende, dessen Leben für Chile 1973 in der Moneda ein Ende fand.

RÄTSELHAFTE OSTERINSEL

EIN STÜCK CHILE IN DER SÜDSEE

Fünf Flugstunden westlich der chilenischen Küste liegt ein karges Fleckchen Erde im rauen Pazifik. Statt Bäumen stehen dort riesige Steinstatuen, die ihre Rätsel nicht preisgeben.

Erbärmlich fand der britische Entdecker und Seefahrer James Cook die Insel bei seinem Besuch 1774: Ihre Natur habe nichts zu bieten, was Menschen essen und trinken könnten, und die Kolossalstatuen seien stupide.
Inzwischen locken die geheimnisumwitterten Figuren zumindest regelmäßig Touristen auf die in der einheimischen Sprache Rapa Nui genannte Insel, auch wenn bisher niemand das genaue Alter und den Zweck dieser »Moai« ergründen konnte. Viele Erzählungen ranken sich um die versunkene Kultur, die sie hervorgebracht hat. Auch uns haben die Bilder und Geschichten angezogen, und so erkunden wir die Osterinsel mit einem klapprigen Mietwagen.
Dass Rapa Nui von seinen einstigen Bewohnern als Nabel der Welt bezeichnet wurde, ist für uns nur schwer nachzuvollziehen. Wir fahren durch eine karge Landschaft, in der immerwährender Wind und sengende Sonne die Aufforstungsprogramme der chilenischen Regierung zur Sisyphosaufgabe machen. Nur die Moai ragen aus dem verdorrten Gras. An den Hängen des Vulkans Rano Raraku liegen unzählige der Giganten in verschiedenen Fertigstellungsstadien. Unweit davon finden wir

auf einer Plattform eine Reihe meterhoher Figuren, die ihre unergründlichen Blicke scheinbar direkt auf uns richten.
Eine weitere solche Plattform mit Moai entdecken wir in einer kleinen Bucht, in der die Wellen des Pazifiks einen sichelförmigen Strand aus feinstem weißen Korallensand umspülen. Zu unserer Überraschung erblicken wir Palmen – ja, tatsächlich Palmen auf dieser sonst fast baumlosen Insel! Der kleine Hain verbreitet etwas Beschaulichkeit in der karstigen Szenerie und lässt die fremde Kunst der kolossalen Statuen noch stärker wirken. Unter den ernsten Gesichtszügen der Moai mit ihren Kopfbedeckungen aus rötlichem Stein entsteht dann doch eine fast magische Atmosphäre, der wir uns nicht entziehen können.
Am Abend widmen wir uns wieder den kulinarischen Entdeckungen. Wir nehmen in einem Restaurant am Hafen des Inselstädtchens Hanga Roa Platz. Als uns der Wirt die Speisekarte vorlegt, verschlägt es uns kurz die Sprache: Der Mann ist ein wahrer Hüne und wirkt auf uns wie eine Mischung aus einer der hiesigen kolossalen Steinfiguren und dem Hinkelsteinhersteller Obelix. Und siehe da: Er stammt tatsächlich aus der Bretagne! Die Meeresfrüchte, die er uns serviert, schmecken fantastisch. Spätestens jetzt sind wir endgültig von der Mystik der Insel überzeugt.

SAUTIERTER RÖMERSALAT

MIT RICOTTA

In Chile verwendet man für dieses Gericht Queso fresco, einen milden, weichen Frischkäse, den es bei uns nur gelegentlich in lateinamerikanischen Spezialitätenläden gibt.

FÜR 4 PERSONEN ALS VORSPEISE | ZUBEREITUNGSZEIT: CA. 15 MIN. | PRO PORTION CA. 185 KCAL

160 g Ricotta | 80 g Joghurt (möglichst säuerlicher)
4 Stängel Dill | 2 Frühlingszwiebeln | 1 EL Limettensaft
4 TL Dijonsenf | 2 EL Pinienkerne | 2 Römersalatherzen | 2 EL Olivenöl | Salz | Pfeffer

1 / Den Ricotta mit dem Joghurt glatt rühren. Den Dill waschen, trocken schütteln, die Spitzen abzupfen und fein hacken. Die Frühlingszwiebeln putzen, waschen und in feine Ringe schneiden. Beides mit Limettensaft und Senf unter die Ricotta-Mischung rühren.

2 / Die Pinienkerne in einer Pfanne ohne Fett goldbraun anrösten und herausnehmen.

3 / Die Salatherzen putzen, in die einzelnen Salatblätter teilen, waschen und trocken schleudern. Das Öl in einer Pfanne erhitzen und die Salatblätter darin unter Rühren 2–3 Min. bei mittlerer Hitze braten, bis sie zusammengefallen sind. Den Salat mit Salz und Pfeffer würzen.

4 / Die Ricottacreme auf vier Teller streichen. Den Salat darauf verteilen und vor dem Servieren mit Pinienkernen bestreuen.

GARNELEN PASCUA

MIT AVOCADO UND LIMETTE

An einem so kargen Ort wie der Osterinsel, spanisch Isla de Pascua, hätten wir diese köstlichen Garnelen mit Avocado und Limette niemals erwartet.

FÜR 2 PERSONEN | ZUBEREITUNGSZEIT: CA. 30 MIN.
PRO PORTION CA. 520 KCAL

1 Knoblauchzehe | 10 g Ingwer | 1 getrocknete Chilischote | 1 Zweig Salbei | 1 Bio-Zitrone | 15 g Koriandergrün | 300 g rohe, geschälte Garnelen | 1 Avocado
3 EL Olivenöl | 3 EL Limettensaft | Salzflocken

1 / Knoblauch und Ingwer schälen und fein hacken. Die Chilischote entkernen und zerbröseln. Den Salbei waschen und trocken schütteln. Die Zitrone waschen, trocknen und in 1 cm dicke Scheiben schneiden. Das Koriandergrün waschen, trocken schütteln und die Blätter grob hacken. Die Garnelen abbrausen und trocken tupfen. Falls nötig, am Rücken einschneiden und den schwarzen Darmfaden entfernen.

2 / Die Avocado halbieren, entsteinen, schälen und in Spalten schneiden. In einer Pfanne 1 EL Öl erhitzen, die Avocado darin von beiden Seiten bei mittlerer bis großer Hitze 1–2 Min. braten und auf einer Servierplatte verteilen.

3 / Die übrigen 2 EL Öl in der Pfanne erhitzen und Knoblauch, Ingwer, Chili und den Salbeizweig darin ca. 2 Min. bei mittlerer Hitze anbraten. Die Zitronenscheiben dazugeben und ca. 2 Min. mitbraten, andrücken, damit Saft austritt. Den Salbeizweig entfernen.

4 / Die Garnelen in die Pfanne geben und alles 2–3 Min. braten, dann den Koriander untermischen und alles unter Rühren weitere 1–2 Min. braten, bis die Garnelen gar sind. Die Zitronenscheiben entfernen, den Limettensaft angießen und ca. 30 Sek. erhitzen. Die Pfanne vom Herd nehmen, die Garnelen auf den Avocadospalten verteilen und mit den Salzflocken bestreuen.

EMPANADAS

Schon beim Betreten schlagen uns Lärm und der Duft von Gebratenem entgegen. Wir sind zum Mercado Central gefahren, der 1872 erbauten Markthalle der chilenischen Hauptstadt Santiago de Chile, und hier herrscht Andrang. Um uns in der Menschenmenge zu behaupten, müssen wir manchmal dezent die Ellbogen einsetzen. Endlich schaffen wir es, durch den Trubel zu einem Verkaufsstand vorzudringen. Wir entscheiden uns für »Empanadas de Mariscos«, leicht scharfe und mit Estragon gewürzte Teigtaschen. Köstlich sind sie – und schnell aufgegessen. Also lassen wir uns im Gedränge weiter vorwärts schieben, auf der Suche nach weiteren Genüssen.

EMPANADAS

MIT ZWEI VERSCHIEDENEN FÜLLUNGEN

FÜR 20 STÜCK
ZUBEREITUNGSZEIT: CA. 1 STD. 30 MIN.
RUHEZEIT: CA. 2 STD.
GARZEIT: CA. 20 MIN.
PRO STÜCK CA. 205 KCAL

FÜR DEN TEIG

250 g doppelgriffiges Mehl (ersatzweise übliches Mehl, Type 405)
250 g Maismehl
1 TL Backpulver
1 EL Salz
½ EL Zucker
100 g Butter (zimmerwarm)
2 EL Olivenöl
2 EL Milch
1 Ei (M)

FÜR DIE FÜLLUNG MIT FLEISCH

10 g Galgant*
2 Knoblauchzehen
1 Schalotte
1 Stängel Zitronengras*
2 Frühlingszwiebeln
40 g Kräuterseitlinge
1 getrocknete Chilischote
1 EL Olivenöl
300 g gemischtes Hackfleisch
1 EL Austernsauce*
1 EL helle Sojasauce
1 TL mittelscharfer Senf
Salz | Pfeffer
5 Stängel Minze

FÜR DIE FÜLLUNG MIT JAKOBSMUSCHELN

120 g gegarte Kartoffeln (vom Vortag)
100 g Jakobsmuscheln
100 g rohe, geschälte Garnelen
2 Frühlingszwiebeln
10 g Ingwer
1 getrocknete Chilischote
2 kleine Stängel Estragon
½ EL geröstetes Sesamöl*
1 ½ EL helle Sojasauce

AUSSERDEM

Mehl zum Verarbeiten
Ausstecher (12–13 cm Ø) oder Ravioli-Former
1 Ei zum Bestreichen

1 / Für den Teig die Mehlsorten in einer großen Schüssel mit dem Backpulver mischen. In die Mitte eine Mulde drücken und Salz, Zucker, Butter in Stückchen, Olivenöl, Milch und Ei hineingeben. Alles mit der Hand verkneten, dabei nach und nach 100–150 ml lauwarmes Wasser einarbeiten, bis ein geschmeidiger, aber nicht zu weicher Teig entsteht.

2 / Den Teig auf der Arbeitsfläche 5 Min. kräftig kneten, zu einer Kugel formen, in Frischhaltefolie wickeln und mind. 1 Std. 30 Min. kalt stellen. Herausnehmen und mind. 30 Min. Zimmertemperatur annehmen lassen.

3 / Inzwischen die Füllungen vorbereiten. Für die Fleischfüllung Galgant, Knoblauch und Schalotte schälen und fein hacken. Vom Zitronengras die äußeren Hüllblätter entfernen und das saftige untere Drittel fein hacken. Die Frühlingszwiebeln putzen, waschen und in Ringe schneiden. Die Pilze putzen, falls nötig mit Küchenpapier abreiben und in kleine Würfel schneiden. Die Chilischote entkernen und zerbröseln.

4 / Das Öl in einer Pfanne erhitzen und alle vorbereiteten Zutaten darin 2–3 Min. bei mittlerer Hitze braten. Das Hackfleisch dazugeben und 3–5 Min. mit anbraten, dabei mit dem Kochlöffel zerkrümeln. Austernsauce, Sojasauce und Senf einrühren und ca. 1 Min. mitbraten.

5 / Die Pfanne vom Herd nehmen und die Mischung mit Salz und Pfeffer abschmecken. Die Minze waschen und trocken schütteln. Die Blätter abzupfen, hacken und unterrühren.

6 / Für die Jakobsmuschelfüllung die Kartoffeln falls nötig pellen und würfeln. Jakobsmuscheln und Garnelen abbrausen und trocken tupfen. Beides sehr klein würfeln. Die Frühlingszwiebeln putzen, waschen und in Ringe schneiden. Den Ingwer schälen und fein hacken. Die Chilischote entkernen und zerbröseln. Den Estragon waschen, trocken schütteln und die Blätter hacken. Die Zutaten in einer Schüssel mischen und mit Sesamöl und Sojasauce würzen.

7 / Den Backofen auf 180° vorheizen. Zwei Bleche mit Backpapier auslegen. Die Hälfte des Teigs auf wenig Mehl ca. 2 mm dick ausrollen (den Rest des Teigs in Frischhaltefolie gewickelt beiseitelegen). Daraus Kreise ausstechen, die Teigreste unter Frischhaltefolie sammeln, erneut ausrollen und ausstechen.

8 / Auf jeden Teigkreis mittig 1 gehäuften EL Fleischfüllung geben und den Teig halbmondförmig zusammenfalten. Die Ränder mit dem Ravioli-Ausstecher oder mit einer Gabel fest zusammendrücken und die Empanadas auf das Blech legen. Aus der zweiten Teighälfte auf die gleiche Weise Empanadas formen und mit der Jakobsmuschelmasse füllen.

9 / Das Ei verquirlen, die fertigen Empanadas damit bestreichen und im heißen Ofen (Mitte) in ca. 20 Min. goldgelb backen. Herausnehmen und kurz abkühlen lassen. Sie schmecken lauwarm oder kalt als Snack oder werden mit einem Salat zur kleinen Mahlzeit.

CEVICHE

MIT POMELO

FÜR 4 PERSONEN ALS VORSPEISE
ZUBEREITUNGSZEIT: CA. 30 MIN.
MARINIERZEIT: MIND. 3 STD.
PRO PORTION CA. 145 KCAL

300 g weißfleischiges Fischfilet (z. B. Wolfsbarsch, Snapper, Schwertfisch; Sushi-Qualität)
2 Zitronen
3 Schalotten
1 Mini-Salatgurke
1 Stück Pomelo (2 Segmente)
1 Frühlingzwiebel
4 Stängel Minze
10 g Galgant*
1 Korianderwurzel*
1 Stängel Zitronengras*
1 frische grüne Chilischote
1 ½ EL Fischsauce*
2 EL Öl

1 / Den Fisch von allen Gräten befreien, waschen und trocken tupfen. Das Filet in dünne Scheiben schneiden, dabei Haut und feste Fasern entfernen. Die Zitronen auspressen. Den Fisch mit dem Zitronensaft vermischen und 3–6 Std. abgedeckt im Kühlschrank marinieren, bis er weiß ist.

2 / Inzwischen 1 Schalotte schälen und in feine Ringe schneiden. Die Gurke schälen, die Samen mit einem Teelöffel herauskratzen und die Gurke klein würfeln. Das Fruchtfleisch der Pomelo aus der Haut lösen und in kleine Stücke brechen. Die Frühlingszwiebeln putzen, waschen und in Ringe schneiden. Die Minze waschen, trocken schütteln und die Blätter grob hacken. Den Galgant schälen und fein hacken. Die Korianderwurzel waschen, putzen und fein hacken. Vom Zitronengras die äußeren Hüllblätter entfernen und das saftige untere Drittel fein hacken. Die Chilischote längs halbieren, entkernen, waschen und in feine Ringe schneiden.

3 / Den Fisch aus der Marinade heben und mit den vorbereiteten Zutaten mischen. 6 EL Marinade mit der Fischsauce abschmecken, unterrühren und das Ceviche vor dem Servieren weitere 5–10 Min. ziehen lassen.

4 / Die übrigen 2 Schalotten schälen und in feine Ringe schneiden. Im Öl in einer Pfanne ca. 5 Min. bei mittlerer Hitze goldbraun rösten, auf Küchenpapier entfetten und über das Ceviche streuen.

Nach nur einer Stunde Autofahrt erreichen wir von Santiago de Chile aus die Hafenstadt Valparaíso mit ihren bunten Holzhäusern. Der Weg hat uns durch das Weinanbaugebiet des Casablanca-Tals geführt, und so bestellen wir uns zu einer der hiesigen raffinierten Ceviche-Varianten einen kühlen Weißwein und genießen den Moment in vollen Zügen.

LAMMKARREES

MIT WINTERGEMÜSE

Unser südlichstes Ziel in Südamerika ist das Gebirge von Torres del Paine in Patagonien. In dieser zerklüfteten Fjordlandschaft kann man alle vier Jahreszeiten an einem Tag erleben. Richtig gerötete Wangen bekommen wir aber nicht von Wind oder Sonne, sondern am Abend vor dem Kamin. Liegt das nun am Feuer oder am scharf gewürzten Lamm?

FÜR 4 PERSONEN
ZUBEREITUNGSZEIT: CA. 15 MIN.
GARZEIT: CA. 50 MIN.
PRO PORTION CA. 380 KCAL

3 Knoblauchzehen
1 Bio-Zitrone
4 EL Olivenöl
2 TL gemahlener Kreuzkümmel
1 TL gemahlene Kurkuma
2 EL Harissa (orientalische Chilipaste, türkischer oder arabischer Laden)
2 Lammkarrees (à ca. 300 g)
3 Möhren
250 g Fenchel
250 g Sellerie
Salz
4 Stängel Dill
2 Stängel Minze

1 / Die Knoblauchzehen schälen und durch die Knoblauchpresse in eine kleine Schüssel drücken. Die Zitrone heiß abwaschen, trocknen und die Schale fein abreiben. Zitronenschale mit 2 EL Olivenöl, Kreuzkümmel, Kurkuma und Harissa zum Knoblauch geben und alles gut mischen. Das Fleisch abbrausen, trocken tupfen und mit der Paste einreiben.

2 / Den Backofen auf 190° vorheizen. Die Möhren putzen, schälen und erst längs, dann quer halbieren. Den Fenchel waschen, putzen und in dicke Spalten schneiden. Den Sellerie putzen, schälen und in dicke Stifte schneiden. Das Gemüse in einem Bräter mit 2 EL Olivenöl mischen, salzen und im Ofen (Mitte) ca. 25 Min. garen, dabei zwischendurch wenden.

3 / Das Lamm daraufsetzen und 20–25 Min. mitgaren (Kerntemperatur 60°). Den Backofen ausschalten und das Fleisch bei geöffneter Backofentür ca. 5 Min. ruhen lassen. Dill und Minze waschen und trocken schütteln. Die Spitzen bzw. Blätter abzupfen, hacken und kurz vor dem Servieren über das Gemüse streuen.

BRATHÄHNCHEN

MIT AUBERGINENFÜLLUNG

FÜR 4 PERSONEN
ZUBEREITUNGSZEIT: CA. 30 MIN.
GARZEIT: CA. 1 STD. 25 MIN.
RUHEZEIT: CA. 15 MIN.
PRO PORTION CA. 510 KCAL

1 kleine Zwiebel
1 Knoblauchzehe
1 kleine Aubergine
2 EL Öl
2 EL Rosinen
2 Tomaten
1 getrocknete Chilischote
1 TL Korianderkörner
1 TL Kreuzkümmelsamen
1 Bio-Limette
½ Tasse gegarter Reis
75 g Bratwurstbrät
Salz | Pfeffer
1 kleines Brathähnchen (ca. 1 kg)
200 ml trockener Weißwein (plus etwas mehr bei Bedarf)

1 / Zwiebel und Knoblauch schälen und fein hacken. Die Aubergine waschen, putzen und in kleine Würfel schneiden. Das Öl in einer Pfanne erhitzen und die Zwiebel in 3–5 Min. bei mittlerer Hitze goldbraun anbraten. Knoblauch, Auberginenwürfel und Rosinen zugeben und unter Rühren 3–5 Min. mitbraten. Die Pfanne vom Herd nehmen.

2 / Die Tomaten einritzen, überbrühen, häuten und halbieren. Stielansatz und Kerne entfernen und das Fruchtfleisch grob würfeln. Die Chilischote entkernen und zerbröseln. Koriander und Kreuzkümmel in einer Pfanne ohne Fett anrösten, bis sie duften, dann mörsern oder in einer Gewürzmühle mahlen. Die Limette waschen, trocknen und 1 TL Schale abreiben. Tomaten, Chili, gemörserte Gewürze und Limettenschale mit Auberginen, Reis und Bratwurstbrät vermischen. Die Masse mit Salz und Pfeffer abschmecken. Das Hähnchen abbrausen, trocken tupfen, außen salzen und mit der Masse füllen.

3 / Den Backofen auf 230° vorheizen. Das Hähnchen in einen Bräter legen. Den Weißwein angießen und das Hähnchen im Ofen (Mitte) ca. 15 Min. backen. Die Hitze auf 180° reduzieren und das Hähnchen 1 Std. bis 1 Std. 10 Min. weiterbacken, dabei ab und an mit Bratflüssigkeit begießen und falls nötig etwas Wein nachgießen. Das Hähnchen ist gar, wenn beim Anstechen an der Stelle, wo die Keule am Körper sitzt, klarer Fleischsaft austritt. Vor dem Anschneiden abgedeckt 15 Min. ruhen lassen. Dazu passt rustikales Weißbrot und grüner Salat.

Neben den geheimnisvoll blau schimmernden Gletscherzungen blühen farbenprächtige Sträucher. Kondore kreisen am Himmel, während sich Seelöwen am Ufer in der Sonne aalen. Pinkfarbene Chile-Flamingos steuern einen weiteren Farbtupfer bei. Abends lassen wir uns an langen Restauranttischen mit anderen Gästen die deftige Kost schmecken.

BEERENKUCHEN

MIT SCHOKOLADENSTÜCKCHEN

FÜR 1 KUCHEN (8 STÜCKE)
ZUBEREITUNGSZEIT: 35 MIN.
RUHEZEIT: CA. 30 MIN.
BACKZEIT: CA. 40 MIN.
PRO STÜCK CA. 270 KCAL

150 g Mehl
50 g Speisestärke
1 Ei (M)
65 g Zucker
75 g Butter (zimmerwarm)
3 EL Crème-de-Cassis-Likör
25 g Edelbitterschokolade
(mind. 65 % Kakaogehalt,
z. B. Sorte Ingwer-Limette)
500 g rote Johannisbeeren

AUSSERDEM
Springform (18 cm Ø)
Öl für die Form
Mehl zum Verarbeiten

1 / Mehl und Stärke in einer Schüssel vermischen. Das Ei trennen und das Eigelb mit 50 g Zucker, Butter in Stückchen und Likör dazugeben. Alles zu einem glatten Teig kneten. Die Schokolade in kleine Stücke hacken und einarbeiten. Den Teig zu einer Kugel formen, in Frischhaltefolie wickeln und 30 Min. im Kühlschrank ruhen lassen.

2 / Den Backofen auf 200° vorheizen. Die Form ölen. Die Johannisbeeren von den Stielen zupfen, waschen, verlesen und auf Küchenpapier trocknen. Das Eiweiß mit dem restlichen Zucker sehr steif schlagen.

3 / Zwei Drittel des Teiges auf wenig Mehl etwas größer als die Form ausrollen. Die Springform damit auskleiden, dabei einen Rand hochziehen und am Übergang zwischen Boden und Rand den Teig gut zusammendrücken. (Wer eine kleine Teigrolle hat, kann den Teig auch in der Form ausrollen und den Rand mit den Fingern hochziehen.)

4 / Die Johannisbeeren auf den Teig geben, mit dem Eischnee bestreichen und den restlichen Teig darüberkrümeln. Den Kuchen im Ofen (Mitte) ca. 40 Min. backen, herausnehmen und abkühlen lassen. Erst dann aus der Form lösen.

Patagonien ist die Heimat der »Superbeere« Maqui, die jede Menge Vitamine und Antioxidantien zu bieten hat und dazu angeblich noch den Stoffwechsel ankurbelt. Weil man sie hier nur getrocknet oder als Pulver bekommt, habe ich diesen chilenischen Maqui-Kuchen mit Johannisbeeren zubereitet. Gesund sind die jedenfalls auch!

IMPOSANT

Eindrucksvoll, fast schon bedrohlich erhebt sich das Bergmassiv Torres del Paine mit seinen bizarren Granittürmen vor uns. Das türkisfarbene Wasser des Sees wird immer wieder von heftigen Böen zu Gischtwolken aufgewirbelt, um sich gleich wieder als Regen über das Land zu ergießen.

Maria Furtwängler, Tatort-Kommissarin
Dahinter steckt immer ein kluger Kopf.

1° 49‘ 52.46“ S 78° 11‘ 0.262“ W

ECUADOR

Vier vollkommen unterschiedliche Regionen, ihre klimatischen Bedingungen und ihre Menschen prägen die ecuadorianische Landesküche. Wir erkunden das Land vom pazifischen Küstentiefland über das Andenhochland mit seinen Vulkanen bis zum Regenwald des »Oriente«. Nur die Galapagosinseln besuchen wir dieses Mal nicht.

Aufsteigender Rauch weist uns den Weg zum Dorf der Kichwa. Was wohl hier im Urwald so auf den Tisch kommt?

444 Stufen führen in Guayaquil zwischen bunten Häusern hindurch auf den Hügel von Santa Ana. Zum Glück gibt es unterwegs genügend Möglichkeiten zur Einkehr.

MENÜ IM URWALD

KAKAOSPIESSCHEN UND BBQ-LARVEN

»El Oriente« wird das Amazonasgebiet im Osten von Ecuador genannt. Unser Ziel ist der Yasuni-Nationalpark. Schon auf der Bootsfahrt dorthin umgibt uns an beiden Ufern des Flusses undurchdringlicher Urwald.

Frühmorgens schon durchstreifen wir mit unseren indigenen Scouts den Regenwald. Hier und da erfasst der Lichtkegel der Taschenlampe ein scheues Reh, das davonspringt. Ein kleiner Tapir trabt, bei seinem Frühstück gestört, ins Gebüsch. Regelmäßig queren wir die Pfade der Blattschneiderameisen, die bei der emsigen Entlaubung der Urwaldbäume mit ihren Blattschnipseln grüne Straßen bilden. Beim Nähertreten stehen wir zwischen Brettwurzeln wie zwischen hölzernen Wänden. Die Urwaldriesen streben weit hinauf, um ihre Kronen möglichst nah am Sonnenlicht als gewaltiges grünes Dach zu entfalten.

Nach einer Kanufahrt auf einem der unzähligen, träge dahinfließenden Wasserläufe gelangen wir zu einem Dorf. Dort wollen wir die Küche der indigenen Bevölkerung kennenlernen. Die Kichwa leben von dem, was die Männer bei der Arbeit in den Erdölfirmen verdienen, von Touristen wie uns und vom Kakaoanbau. Arriba-Kakao aus dem ecuadorianischen Urwald gilt als der beste überhaupt. Auf dem Dorfplatz steigt bereits Rauch aus einer offenen Hütte auf, und wir nehmen erwartungsvoll an einem langen Tisch Platz. Die Spieße mit gegrillten weißen Kakaobohnen wecken sofort unser Interesse und überzeugen mit ihrem feinen nussartigen Geschmack. Neugierig warten wir auf den nächsten Gang.
Schon liegen vor uns die daumendicken Larven des Palmbohrers, auf Holzspießchen gesteckt und über dem offenen Feuer gegart. Wir überlegen noch, wie wir höflich ablehnen können, als unser Scout genüsslich in die Engerlinge beißt.

Also geben auch wir uns einen Ruck. Und siehe da: Nach Überwindung der Zivilisationsblockade stellen wir fest, dass die Larven im Geschmack ein bisschen an Schweinefleisch erinnern. Die Köpfe lassen wir allerdings dann doch übrig.
Gestärkt durch die eigene Courage, greifen wir bei den nächsten Gängen des Urwaldmenüs beherzt zu. Wir lassen uns Flussfisch schmecken, der in Blätter verpackt und gebraten wurde, Palmherzen, gekochten Maniok und gebratene Bananen. Mit jedem Bissen wird uns bewusster, welchen Reiz diese unmittelbare Küche besitzt, die das verwendet, was der Dschungel hergibt.
Als uns allerdings Chicha-Bier hingestellt wird, eine gelblich-trübe Brühe, trinken wir nur ein winziges Höflichkeitsschlückchen. Das Getränk entsteht aus Mais- oder Maniok-Sud, der durch Speichel zur Gärung gebracht wird. Spuckebier? Bei aller Liebe zum kulinarischen Experiment: Gewisse Grenzen gibt es dann doch.

MARACUJAHUHN

Die Hafenmetropole Guayaquil liegt im Tiefland von Ecuador. Hier spült der Río Guayas mit seinem braunen, langsam dahinfließenden Wasser gewaltige Mengen an fruchtbarem Boden aus dem Hochland an und lagert sie rund um das Mündungsdelta ab. Die Lage nahe am Äquator und das Klima machen dieses Gebiet ideal für den Anbau von Gemüse und Tropenfrüchten. Kein Wunder, dass die Ecuadorianer mit diesem paradiesischen Reichtum gerne auch in der Küche experimentieren! Dieses fruchtige Geflügelgericht hat uns besonders gut gefallen.

MARACUJAHUHN

MIT SPINAT-GARNELEN-FÜLLUNG

FÜR 2 PERSONEN
ZUBEREITUNGSZEIT: CA. 30 MIN.
GEFRIERZEIT: CA. 1 STD.
GARZEIT: CA. 35 MIN.
PRO PORTION CA. 375 KCAL

- 2 Hähnchenbrustfilets (à ca. 150 g)
- 250 g Spinat
- 75 g rohe, geschälte Garnelen
- 2 TL Pilzsojasauce* (ersatzweise helle Sojasauce)
- Muskatnuss, frisch gerieben
- Salz | Pfeffer
- 2 Pekannusskerne (ersatzweise Walnusskerne)
- 1 Knoblauchzehe
- 50 g Schalotten
- 2 Maracujas
- 1 getrocknete Chilischote
- 1 EL Öl
- 100 ml Geflügelfond (ersatzweise Hühnerbrühe)
- ½ Zimtstange
- 4 kleine Stängel Estragon

AUSSERDEM

Zahnstocher

1 / Die Hähnchenbrüste abbrausen, trocken tupfen und nebeneinander in Frischhaltefolie wickeln. Die Brüste je nach Größe für ca. 1 Std. im Tiefkühlfach anfrieren lassen, damit sie sich besser schneiden lassen.

2 / In der Zwischenzeit den Spinat waschen und putzen. Die Blätter in einer Schüssel mit kochendem Wasser übergießen, in ein Sieb abgießen und kalt abschrecken. Den Spinat ausdrücken und in feine Streifen schneiden.

3 / Die Garnelen abbrausen und trocken tupfen. Falls nötig, am Rücken einschneiden und den Darmfaden entfernen. Die Garnelen hacken und mit der Hälfte des Spinats mischen. Die Masse mit Pilzsojasauce, Muskatnuss, Salz und Pfeffer würzen. Die Pekannüsse im Mörser zerstoßen und unterrühren. Die Masse abgedeckt kalt stellen.

4 / Die angefrorenen Hähnchenbrüste mit einem scharfen Messer horizontal so halbieren, dass sie am Ende noch zusammenhängen (Schmetterlingsschnitt). Die Brüste aufklappen und leicht mit Salz, Pfeffer und Muskatnuss würzen. Die Spinat-Garnelenfüllung jeweils auf einer Fleischhälfte verteilen, dabei den Rand freilassen. Die Brüste zuklappen und mit Zahnstochern verschließen.

5 / Knoblauch und Schalotten schälen und fein hacken. Die Maracujas halbieren, das Innere auslösen und durch ein Sieb streichen. Den Saft auffangen, die Kerne wegwerfen. Die Chilischote entkernen und zerbröseln.

6 / Das Öl in einer beschichteten Pfanne erhitzen. Die Hähnchenbrüste darin bei mittlerer Hitze 4–5 Min. von allen Seiten anbraten, salzen und pfeffern. Knoblauch und Schalotte dazugeben und in 2–3 Min. glasig anbraten. Maracujasaft und Geflügelfond oder -brühe angießen, Chili und Zimtstange zufügen und alles bei kleiner Hitze abgedeckt 30–35 Min. köcheln.

7 / Inzwischen den Estragon waschen und trocken schütteln. Die Blätter abzupfen und hacken. Den restlichen Spinat in der Sauce kurz erwärmen und das Gericht vor dem Servieren mit dem gehackten Estragon bestreuen.

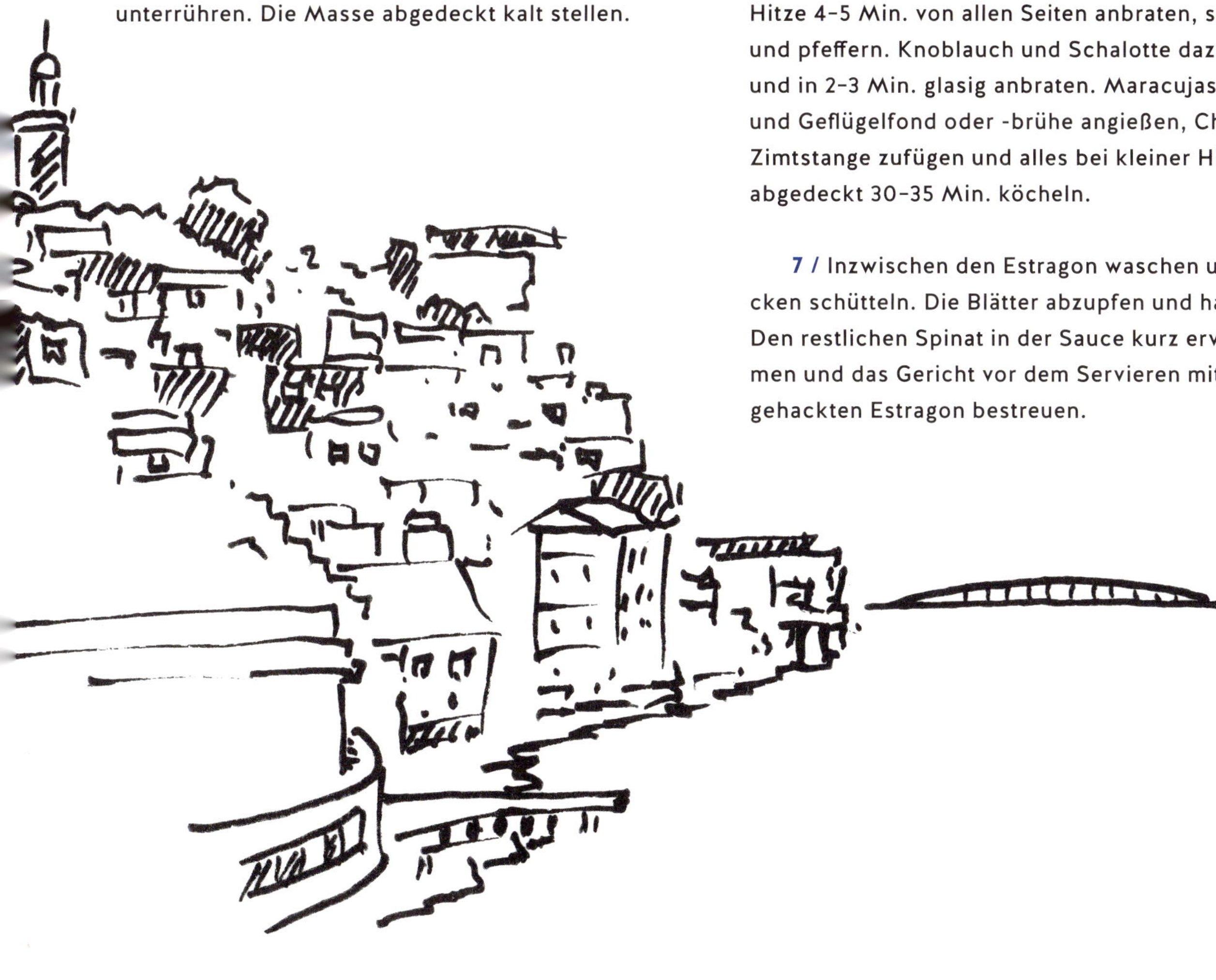

FISCHEINTOPF

Bei unserer Ankunft in Guayaquil finden wir uns inmitten von Chaos und Lärm wieder. Kein Wunder, schließlich übertrifft die Einwohnerzahl sogar die der Hauptstadt Quito! Allerdings hat die große Hafenstadt wenig zu bieten, abgesehen von ein paar repräsentativen Gebäuden aus dem 19. Jahrhundert und dem malerischen Viertel an den Hängen unterhalb des Leuchtturms von Santa Ana. Aber das soll sich ändern. Gerade erst ist am Flussufer eine Flaniermeile entstanden, das Projekt Malecón 2000. Wir spazieren an den von Wächtern geschützten Parks, Kultureinrichtungen und Restaurants vorbei und probieren in einem davon den Fischeintopf Encebollado de Pescado, ein typisches Gericht der Küstenregion.

FISCHEINTOPF

MIT ZWIEBEL-TOMATEN-SALSA

FÜR DIE SALSA
1 mittelgroße rote Zwiebel
1 ½ Limetten
2 Tomaten
1 Avocado
3 Stängel Minze
1 EL Olivenöl

FÜR DEN EINTOPF
150 g Yuca (frisch oder TK, s. S. 9)
2 Tomaten
1 rote Zwiebel
2 getrocknete Chilischoten
1 EL Olivenöl
1 TL gemahlener Kreuzkümmel
1 TL gemahlene Kurkuma
400 ml Geflügelfond (ersatzweise Hühnerbrühe)
400 g weißfleischiges Fischfilet (z. B. Kabeljau-Loins, Heilbutt, Steinbeißer)
6 Stängel Koriandergrün

AUSSERDEM
Salz | Pfeffer

FÜR 2 PERSONEN
ZUBEREITUNGSZEIT: CA. 1 STD.
RUHEZEIT: CA. 10 + 10 + 30 MIN.
PRO PORTION CA. 635 KCAL

1 / Für die Salsa die Zwiebel schälen, halbieren und in dünne Streifen schneiden. Die Zwiebelstreifen in einer Schüssel mit ½ EL Salz mischen und 10 Min. beizen, dann mit lauwarmem Wasser bedecken und weitere 10 Min. wässern. Die Zwiebelstreifen in ein Sieb abgießen, kalt abspülen und mit Küchenpapier trocknen. Die Limetten auspressen, den Saft unter die Zwiebel mischen und mind. 30 Min. marinieren.

2 / In der Zwischenzeit für den Eintopf frische Yuca schälen, die Enden abschneiden und die Yuca in mundgerechte Stücke teilen (TK-Ware unaufgetaut verwenden). Die Tomaten kreuzweise einritzen, mit kochendem Wasser überbrühen, häuten und halbieren. Stielansatz und Kerne entfernen und das Fruchtfleisch würfeln. Die Zwiebel schälen und in feine Würfel schneiden. Die Chilischoten entkernen und zerbröseln.

3 / Das Öl in einem großen Topf erhitzen und Tomaten, Zwiebel, Chilis, Kreuzkümmel und Kurkuma darin bei mittlerer Hitze 2–3 Min. anbraten. Fond oder Brühe angießen, die Yuca dazugeben und alles zum Kochen bringen. Den Herd herunterschalten und alles bei kleiner Hitze 30–40 Min. garen, bis die Yuca gar ist (bei frischer Yuca kann die Garzeit variieren).

4 / Inzwischen den Fisch waschen, trocken tupfen und in mundgerechte Würfel schneiden. Das Koriandergrün waschen und trocken schütteln. Das untere Drittel der Stängel wegschneiden, den Rest grob hacken.

5 / Für die Salsa die Tomaten waschen, halbieren und Stielansatz und Kerne entfernen. Die Tomaten in Streifen schneiden. Die Avocado halbieren, entsteinen, schälen und würfeln. Die Minze waschen und trocken schütteln. Die Blätter abzupfen und in feine Streifen schneiden. Alles mit dem Olivenöl unter die Zwiebelstreifen mischen und mit Salz und Pfeffer abschmecken.

6 / Sobald die Yuca gar ist, die Stücke aus dem Topf nehmen. Falls TK-Ware gegart wurde, jetzt ebenfalls mundgerecht zerteilen. Zusammen mit dem Fisch wieder in den Eintopf geben und den Fisch in 5–7 Min. bei kleiner Hitze gar ziehen lassen. Den Koriander unterrühren und den Eintopf mit Salz und Pfeffer abschmecken.

7 / Den Eintopf auf Teller verteilen und jeweils etwas Salsa daraufgeben. Dazu passen Kochbananenchips (s. S. 72) oder Popcorn.

CEVICHE

MIT GETROCKNETEN TOMATEN

In Montañita herrscht der Wochenendwahnsinn: Surfer und Hippies drängen sich in diesem ehemaligen Fischerort an der Pazifikküste, und uns hüllen die Beats aus den Clubs und die Schwaden unzähliger Joints ein. Zum Glück bekommen wir gute Tipps für einfache Restaurants mit frischer Ceviche.

FÜR 4 PERSONEN ALS VORSPEISE | ZUBEREITUNGSZEIT: CA. 20 MIN. | MARINIERZEIT: MIND. 6 STD.
PRO PORTION CA. 80 KCAL

300 g weißfleischiges Fischfilet (z. B. Red Snapper, Schwertfisch; Sushi-Qualität) | 3 Zitronen | 1 rote Zwiebel | ¼ Birne | 6 weiche getrocknete Tomaten (ca. 30 g) | 10 g Koriandergrün | 2 Stängel Dill
1 ½ EL helle Sojasauce

1 / Den Fisch mit einer Pinzette oder Zange von allen Gräten befreien, waschen und gut trocken tupfen. Das Filet in dünne Scheiben schneiden, dabei Haut und sämtliche festen Fasern entfernen. Die Zitronen auspressen.

2 / Fisch und Zitronensaft vermischen und mind. 6 Std. oder über Nacht abgedeckt im Kühlschrank marinieren, bis er undurchsichtig weiß ist.

3 / Die Zwiebel schälen und in feine Ringe schneiden. Das Birnenviertel schälen und ohne Kerngehäuse klein würfeln. Die getrockneten Tomaten in dünne Streifen schneiden. Koriandergrün und Dill waschen und trocken schütteln, die Blättchen bzw. Spitzen abzupfen und hacken.

4 / Den Fisch aus der Marinade heben und zu den vorbereiteten Zutaten geben. Die Sojasauce und 3 EL der Marinade zugeben und alles gut vermischen. Dazu passt geröstete Yuca (s. S. 82).

SECO DE POLLO

MIT AVOCADO UND LIMETTE

In Quito lernen wir dieses Hähnchengericht kennen, das mit den typischen ecuadorianischen Beilagen serviert wird: Reis, gebratene Kochbananen, Avocadospalten und Salat. Eigentlich bereitet man es mit »Spuckebier« zu, aber wir verwenden statt Chicha lieber dunkles Bier.

FÜR 4 PERSONEN | ZUBEREITUNGSZEIT: CA. 30 MIN.
GARZEIT: CA. 30 MIN. | PRO PORTION CA. 355 KCAL

1 Zwiebel | 5 Knoblauchzehen | 4 Tomaten (ca. 450 g) 2 rote Paprika | 1 frische rote Chilischote | 40 g Koriandergrün | 30 g Petersilie | 4 Hähnchenbrustfilets (à ca. 150 g) | 2 TL gemahlener Kreuzkümmel | Salz | Pfeffer 2 EL Öl | 200 ml dunkles Bier | 200 ml Orangensaft

1 / Zwiebel und Knoblauch schälen und fein hacken. Die Tomaten kreuzweise einritzen, mit kochendem Wasser überbrühen, häuten und halbieren. Stielansatz und Kerne entfernen und das Fruchtfleisch grob würfeln. Die Paprika mit dem Sparschäler schälen, halbieren, weiße Trennwände und Kerne entfernen, die Hälften waschen und grob würfeln. Die Chilischote längs halbieren, entkernen, waschen und in feine Ringe schneiden. Vom Koriandergrün 2 Stängel beiseitelegen, die übrigen mit der Petersilie waschen, trocken schütteln und die Blätter grob hacken. Alle vorbereiteten Zutaten im Mixer oder mit dem Pürierstab pürieren.

2 / Die Hähnchenbrüste abbrausen, trocken tupfen, mit Kreuzkümmel, Salz und Pfeffer würzen. Das Öl in einer Pfanne erhitzen und die Hähnchenbrüste von allen Seiten 4–5 Min. bei mittlerer Hitze anbraten. Herausnehmen.

3 / Das Gemüse-Kräuter-Püree in die Pfanne geben und unter Rühren den Bratensatz lösen. Bier und Orangensaft angießen, aufkochen und offen bei mittlerer Hitze einkochen lassen. Wenn die Sauce sämig ist, die Hitze reduzieren. Die Hähnchenbrüste in die Sauce geben und zugedeckt in 20–25 Min. bei kleiner Hitze gar ziehen lassen. Den übrigen Koriander waschen und trocken schütteln. Die Blätter abzupfen, grob hacken und über das Hähnchen streuen.

BIERGESCHMORTES RIND

MIT GRÜNEM PFEFFER

FÜR 4 PERSONEN
ZUBEREITUNGSZEIT: CA. 30 MIN.
GARZEIT: CA. 2 STD. 30 MIN.
PRO PORTION CA. 425 KCAL

600 g Rindfleisch (Tafelspitz, Nuss oder Hochrippe)
3 EL Öl
20 g Ingwer
2 Knoblauchzehen
1 große Zwiebel (ca. 100 g)
1 Möhre
2 Stangen Staudensellerie
3 Chilischoten
Salz
2 TL Szechuan-Pfeffer*
1 EL Tomatenmark
1 ½ EL Tamarindenpaste*
2 TL Zucker
300 ml dunkles Bier
1 ½ EL Limettensaft
Pfeffer
2 Rispen frischer grüner Pfeffer (Asienladen)
15 g Koriandergrün

1 / Das Fleisch von Sehnen und Fett befreien und ca. 4 cm groß würfeln. 2 EL Öl in einem Topf mit schwerem Boden erhitzen, das Fleisch darin bei großer Hitze in 3–5 Min. von allen Seiten braun anbraten und herausnehmen.

2 / Ingwer, Knoblauch und Zwiebeln schälen und fein hacken. Die Möhre putzen, schälen und in kleine Würfel schneiden. Den Sellerie waschen, putzen, falls nötig entfädeln und in feine Scheiben schneiden. Die Chilischoten längs halbieren, Stielansatz und Kerne entfernen, die Schoten waschen und in feine Ringe schneiden.

3 / Den übrigen EL Öl in dem Topf erhitzen und Ingwer und Knoblauch darin in 1–2 Min. bei mittlerer Hitze goldbraun rösten. Zwiebel, Möhre und Sellerie dazugeben und ca. 2–3 Min. mitbraten, bis die Zwiebel glasig ist. Das Fleisch zugeben und alles mit 2 TL Salz und dem Szechuan-Pfeffer würzen.

4 / Chilis, Tomatenmark, Tamarindenpaste und Zucker unter das Fleisch rühren. Das Bier angießen und alles zugedeckt bei kleiner Hitze ca. 2 Std. 30 Min. schmoren, bis das Fleisch weich ist. Mit Limettensaft, Salz und Pfeffer abschmecken.

5 / Den grünen Pfeffer waschen und kurz vor dem Servieren zum Fleisch geben. Den Koriander waschen und trocken schütteln. Die Blätter abzupfen, grob hacken und das Fleisch zum Schluss damit bestreuen.

Die barocke Altstadt von Quito versetzt direkt in die Kolonialzeit. Unter den Arkaden der herrschaftlichen Gebäude rufen Zeitungsverkäufer in Ponchos ihre Schlagzeilen aus, und hin und wieder gehen Indiofrauen in bunten Röcken und schwarzen Hüten vorbei. Abends auf der Plaza Grande genießen wir mit Blick auf die angestrahlte Kathedrale köstlich geschmortes Rindfleisch.

SCHWEINELENDE

MIT PFIRSICH-CHUTNEY

In der Markthalle von Cuenca warten exotische Früchte und Kartoffeln in allen möglichen Farben auf Käufer, und natürlich duftet es von allen Seiten. Die lokale Spezialität, gegrilltes Meerschweinchen, lassen wir lieber liegen. Uns lockt eher das Schweinefleisch mit seiner fruchtigen Begleitung.

FÜR 2 PERSONEN | ZUBEREITUNGSZEIT: CA. 30 MIN.
GARZEIT: CA. 20 MIN. | PRO PORTION CA. 405 KCAL

1 Zwiebel | 20 g Ingwer | 1 Knoblauchzehe | 2 rote Chilischoten | 3 kleine gelbe Pfirsiche (300 g) | 1 Tomate | 3 EL Olivenöl | 2 Sternanise | ½ TL gemahlene Kurkuma | 15 g brauner Zucker | 40 ml Weißweinessig 300 g Schweinelende | 6 Salbeiblätter | Salz | Pfeffer

1 / Die Zwiebel schälen und würfeln. Ingwer und Knoblauch schälen und fein hacken. Die Chilischoten längs halbieren, entkernen, waschen und in feine Ringe schneiden. Pfirsiche und Tomate kreuzweise einritzen, mit kochendem Wasser überbrühen und häuten. Die Pfirsiche entsteinen und das Fruchtfleisch in Scheiben schneiden. Bei der Tomate Stielansatz und Kerne entfernen und das Fruchtfleisch grob würfeln.

2 / 1 EL Olivenöl in einem Topf erhitzen und die Zwiebel darin in 2–3 Min. bei mittlerer Hitze glasig anschwitzen. Ingwer, Knoblauch, Chilis und Sternanise dazugeben und ca. 2 Min. unter Rühren mitbraten. Pfirsichscheiben und Tomatenwürfel ca. 2 Min. unter Rühren mitkochen. Kurkuma, Zucker und Essig dazugeben, alles einmal aufkochen und auf kleiner Hitze 15–20 Min. offen köcheln lassen, bis die Pfirsiche weich sind, dabei zwischendurch umrühren. Das Chutney abkühlen lassen.

3 / Die Schweinelende in sechs Medaillons teilen. Jedes mit 1 Salbeiblatt belegen. 2 EL Olivenöl in einer Pfanne erhitzen und die Medaillons mit dem Salbeiblatt oben ca. 2 Min. bei mittlerer bis großer Hitze anbraten, wenden und 2–3 Min. braten, dabei etwas flach drücken. Die Medaillons salzen, pfeffern und mit Chutney servieren.

BANANENROLLEN

MIT SCHOKOLADE

Cuenca erleben wir als geschäftige, aber ruhige Stadt. Ob es an dem beeindruckenden Panorama der Anden hinter den blauen Mosaikkuppeln der Kathedrale liegt? Oder vielleicht doch an der hiesigen Schokolade? Die soll schließlich glücklich machen.

FÜR 4 PERSONEN | ZUBEREITUNGSZEIT: CA. 15 MIN.
PRO PORTION CA. 205 KCAL

2 EL gemischte Nusskerne | 2 Bananen | 35 g Chili-Edelbitterschokolade (mind. 65 % Kakaoanteil)
4 Blätter TK-Frühlingsrollenteig (Asienladen), aufgetaut | 1 EL Öl | Puderzucker zum Bestäuben

1 / Die Nüsse hacken. Die Bananen schälen und erst längs, dann quer halbieren. Die Schokolade auf einer Reibe raspeln.

2 / Das erste Blatt Frühlingsrollenteig mit einer Spitze nach unten auf die Arbeitsfläche legen. Darauf mittig 1 Bananenviertel mit der Schnittfläche nach oben querlegen, mit Schokolade und ½ EL Nüsse bestreuen und mit dem passenden Bananenviertel abdecken. Die Seitenränder des Teigblatts einschlagen und das Blatt von unten nach oben aufrollen. Die übrigen Rollen ebenso herstellen.

3 / Das Öl in einer beschichteten Pfanne erhitzen und die Rollen darin in 5–7 Min. bei mittlerer Hitze rundum goldbraun braten. Herausnehmen, kurz auf Küchenpapier entfetten und sofort mit Puderzucker bestäubt servieren.

AROMATISCH

Kakao aus dem ecuadorianischen Urwald besitzt eine leicht blumige und fruchtige Note, die nicht nur die Landesbewohner zu schätzen wissen. Schokolade aus Ecuador ist sehr begehrt.

4° 34' 15.125" N 74° 17' 50.399" W

KOLUMBIEN

Lange hat der Tourismus lieber einen großen Bogen um das Land gemacht, das sowohl eine Pazifik- als auch eine Karibikküste besitzt. Nun erwacht es langsam aus seinem Dornröschenschlaf. Gut so! Denn es gibt viel zu entdecken, auch kulinarisch.

In den Gassen Cartagenas pulsiert beschwingt die kreolische Lebensfreude.

Ein paar Tage lang tauchen wir in die Vergangenheit ein, die sich in Mompóx, der heißesten Stadt Kolumbiens, wie in einer Zeitkapsel erhalten hat.

ZEITREISE IN MOMPÓX

ANGELOCKT VOM KLANG DER GOLDSTADT

November in Deutschland. Die Dunkelheit hing zäh vor dem Fenster, der Tag wollte nicht recht anspringen – bis uns eine Überschrift in der Zeitung elektrisierte: »Goldstadt Mompóx«.

Allein schon der geheimnisvolle Klang dieses Namens! Von Neugierde gepackt, studierten wir den Artikel über die kolumbianische Kleinstadt: bestens erhaltene spanische Kolonialarchitektur, UNESCO-Weltkulturerbe, lange Goldschmiedetradition. Als sich endlich das erste Tageslicht durchs Fenster quälte, stand unser Entschluss fest: Da müssen wir hin.

Ein Jahr später stehen wir tatsächlich in Mompóx. Glühende Mittagshitze liegt über der Stadt, und es ist totenstill. Siesta. Auch wir ziehen uns zurück. Die Fahrt hierher, vorbei an militärischen Straßensperren, über Schotterpisten und zuletzt mit der Fähre über den Fluss, hat uns doch ein bisschen erschöpft.

So abgelegen war der Ort keineswegs immer. Gegründet von spanischen Konquistadoren in der Mitte des 16. Jahrhunderts, blieb er lange ein wichtiger Umschlagplatz für Edelmetalle. Die Schiffe der goldgierigen Ausbeuter konnten auf dem mächtigen Río Magdalena weit ins Landesinnere vordringen, wo die begehrten Schätze zu finden und zu rauben waren. Entsprechend brachte es Santa Cruz de Mompóx zu blühendem Wohlstand. Doch die Zeit der Windjammer ging zu Ende, der Fluss versandete, und Mompóx geriet in Vergessenheit.

Am späten Nachmittag erkunden wir die Stadt, deren Uhren offenbar vor Jahrzehnten stehengeblieben sind. Kein Auto ist zu sehen, nur hier und da ein Eselskarren, der gemächlich vorbeiholpert. Das Knattern eines Zweitakters durchbricht die Stille und verliert sich wieder in der Ferne. Weil die Stadt schachbrettartig angelegt wurde, ist es kaum möglich, sich in den Vierteln mit ihren prachtvollen, im spanischen Stil erbauten Gebäuden zu verirren. Die Mauern strahlen immer noch die Hitze des Tages ab. Sehnsüchtig blicken wir durch türhohe, vergitterte Fensteröffnungen

in die reich bepflanzten Innenhöfe mit ihren wunderbar schattigen Arkaden.
An der einstigen Schiffsanlegestelle am Fluss mit ihren breiten Treppen sind nur noch ein paar flache Kähne vertäut, daneben springen ein paar junge Kerle laut lachend von der Ufermauer ins Wasser. Beim Näherkommen löst sich aus dem Schatten des alten Zollgebäudes ein Hund und schleicht apathisch davon. Gegenüber steigen kleine Vogelschwärme aus der sumpfigen Landschaft in die Abendsonne. Wir denken an den kalten Novembermorgen vor einem Jahr zurück, als wir zum ersten Mal von Mompóx gehört haben. Er scheint ewig her zu sein. Ob die Zeit an diesem Ort tatsächlich langsamer vergeht? Wir sehen den orange schillernden Wasserhyazinthen nach, die auf dem Río Magdalena vorbeitreiben, träge wie der Fluss. Uns soll es recht sein.

FISCHEINTOPF

SANCOCHO DE PESCADO

FÜR 4 PERSONEN
ZUBEREITUNGSZEIT: CA. 1 STD. 10 MIN.
PRO PORTION CA. 410 KCAL

400 g Yuca (frisch oder TK, s. S. 9)
2 Tomaten
2 gelbe Kochbananen (ca. 500 g, s. S. 9)
1 kleine Zwiebel
2 Knoblauchzehen
1 EL Olivenöl
2 TL gemahlene Kurkuma
1 l Geflügelbrühe (ersatzweise Fischbrühe)
2 Zuckermaiskolben (ersatzweise
12 Babymaiskolben)
600 g weißfleischiges Fischfilet (z. B.
Kabeljau-Loins, Heilbutt, Steinbeißer)
2 Frühlingszwiebeln
20 g Koriandergrün
1 Limette
Salz | Pfeffer

1 / Frische Yuca schälen, die Enden abschneiden und die Yuca in grobe Stücke teilen (TK-Ware unaufgetaut verwenden). Die Yuca in Wasser bei kleiner Hitze zugedeckt je nach Größe 20–40 Min. kochen, bis sie weich ist. Abgießen und ausdampfen lassen, nach Belieben in mundgerechte Stücke schneiden.

2 / Inzwischen die Tomaten einritzen, überbrühen, häuten und ohne Stielansatz und Kerne würfeln. Die Bananen schälen und in 2 cm lange Stücke schneiden. Zwiebel und Knoblauch schälen und fein hacken. Das Öl in einem großen Topf erhitzen und Zwiebel und Knoblauch darin bei mittlerer Hitze glasig anschwitzen. Kurkuma, Brühe und Tomaten zugeben, aufkochen und ca. 20 Min. zugedeckt bei kleiner Hitze köcheln lassen. Nach 5 Min. die Kochbananenstücke zugeben.

3 / Den Zuckermais waschen und in 3 cm lange Stücke schneiden (Baby-Mais waschen und schräg in ca. 1,5 cm lange Stücke schneiden). Den Fisch waschen, trocken tupfen und würfeln. Die Frühlingszwiebeln putzen, waschen und in Ringe schneiden. Das Koriandergrün waschen, trocken schütteln und die Blätter grob hacken. Die Limette in Spalten schneiden.

4 / Den Mais zur Suppe geben und ca. 3 Min. mitkochen. Fisch und Yuca zufügen und bei kleiner Hitze in 3–5 Min. gar ziehen lassen. Die Suppe salzen, pfeffern und mit Frühlingszwiebeln und Koriander bestreut servieren. Die Limettenspalten dazu reichen.

Diesen Eintopf gibt es in den einfachen Fischlokalen von Mompóx am Ufer des Rio Magdalenas, dazu eine Schale Reis und Avocado. In der glühenden Hitze der Stadt tut die leichte Mahlzeit gut.

THAI-CEVICHE

CARTAGENA

In Kolumbien mischen sich indigene Kochtraditionen mit den kulinarischen Einflüssen spanischer Eroberer, schwarzafrikanischer Sklaven und asiatischer Einwanderer.

FÜR 4 PERSONEN ALS VORSPEISE | ZUBEREITUNGSZEIT: CA. 25 MIN. | MARINIERZEIT: MIND. 3 STD.
PRO PORTION CA. 125 KCAL

300 g weißfleischiges Fischfilet (z. B. Wolfsbarsch, Snapper, Schwertfisch; Sushi-Qualität) | 2 Zitronen 3 rote Thai-Schalotten* | 10 Kirschtomaten | 1 Stange Staudensellerie | 8 entsteinte schwarze Oliven 10 g Koriandergrün | 10 g Ingwer | 1 frische rote Chilischote | 1 ½ EL Fischsauce* | 1 TL geröstetes Sesamöl*

1 / Den Fisch entgräten, waschen und trocken tupfen. In dünne Scheiben schneiden, dabei Haut und feste Fasern entfernen. Die Zitronen auspressen. Den Fisch mit dem Zitronensaft vermischen und 3–6 Std. abgedeckt im Kühlschrank marinieren.

2 / Die Schalotten schälen und in dünne Ringe schneiden. Die Tomaten waschen und halbieren oder vierteln. Den Staudensellerie waschen, putzen, falls nötig entfädeln und in dünne Scheiben schneiden. Die Oliven in Scheiben schneiden. Den Koriander waschen, trocken schütteln und die Blätter grob hacken. Den Ingwer schälen und fein hacken. Die Chilischote längs halbieren, entkernen, waschen und in feine Ringe schneiden.

3 / Den Fisch aus der Marinade heben und mit den vorbereiteten Zutaten mischen. 6 EL von der Marinade mit Fischsauce und Sesamöl verrühren und unterheben. Das Ceviche vor dem Servieren 5–10 Min. ziehen lassen.

CEVICHE

MIT PHYSALIS, AVOCADO UND PEKANNÜSSEN

In der Küstenstadt Cartagena de Indias tauchen wir in ein lebendiges Gewirr unterschiedlicher Sprachen und Hautfarben ein. Hinter den alten Festungsmauern feiert ein überwiegend junges Publikum bis spät in die Nacht und genießt vorzügliches Ceviche aus fangfrischem Fisch.

FÜR 4 PERSONEN ALS VORSPEISE | ZUBEREITUNGSZEIT: CA. 30 MIN. | MARINIERZEIT: MIND. 3 STD.
PRO PORTION CA. 285 KCAL

300 g weißfleischiges Fischfilet (z. B. Wolfsbarsch, Snapper; Sushi-Qualität) | 2 Zitronen | 2 Thai-Schalotten* | 10 Physalis | 1 Frühlingszwiebel
6 entsteinte schwarze Oliven | 10 g Koriandergrün
10 Pekannusskerne | 10 g Galgant* | 1 frische rote Chilischote | 1 Avocado | 1 TL gemahlene Kurkuma
2 EL helle Sojasauce

1 / Den Fisch, falls notwendig, von allen Gräten befreien, waschen und trocken tupfen. Das Filet in dünne Scheiben schneiden, dabei Haut und feste Fasern entfernen. Die Zitronen auspressen. Den Fisch mit dem Zitronensaft vermischen, 3–6 Std. abgedeckt im Kühlschrank marinieren.

2 / Die Schalotten schälen und in feine Ringe schneiden. Die Physalis von den Hüllblättern befreien, waschen und halbieren. Die Frühlingszwiebel putzen, waschen und in Ringe schneiden. Die Oliven in Scheiben schneiden. Den Koriander waschen, trocken schütteln und die Blätter hacken. Die Pekannüsse in einer Pfanne ohne Fett anrösten und in Stücke brechen. Den Galgant schälen und fein hacken. Die Chilischote halbieren, entkernen, waschen und in feine Ringe schneiden. Die Avocado halbieren, entsteinen, schälen und würfeln.

3 / Fisch aus der Marinade heben, mit den vorbereiteten Zutaten und Kurkuma mischen. 6 EL der Marinade mit der Sojasauce verrühren und unter das Ceviche heben. Vor dem Servieren 5–10 Min. durchziehen lassen.

SCHINKEN-HEILBUTT

Um die Pazifikküste Kolumbiens machen wir aus Sicherheitsgründen lieber einen Bogen. Stattdessen erkunden wir die karibische Küche. Während die kolumbianische Küche im Inland von Kochbananen, Yuca, Reis, Gemüse und natürlich jeder Menge rotem Fleisch oder Huhn dominiert wird, stehen hier auch viele Fischgerichte auf dem Speisezettel. Üblicherweise wird dazu ein Salat aus Weißkohl und Tomaten serviert, aber zum Heilbutt schmeckt besonders gut Salsa criolla, eine Art Zwiebelsalat, der in vielen Ländern Lateinamerikas beliebt ist.

HEILBUTT

IM SCHINKENMANTEL MIT SALSA CRIOLLA

FÜR 2 PERSONEN
ZUBEREITUNGSZEIT: CA. 30 MIN.
GARZEIT: CA. 15 MIN.
MARINIERZEIT: MIND. 1 STD.
PRO PORTION CA. 470 KCAL

FÜR DIE SALSA CRIOLLA
1 weiße Zwiebel
2 EL Aceto balsamico bianco
1 EL Olivenöl
3 weiche getrocknete Tomaten (ca. 15 g)
1 Bio-Zitrone
4 Stängel Minze
5 Macadamianüsse

FÜR DAS BOHNENPÜREE
2 Knoblauchzehen
1 getrocknete Chilischote
1 Dose weiße Bohnen (ca. 240 g Abtropfgewicht)
1 TL gemahlener Kreuzkümmel
1 TL Paprikapulver
3 EL Geflügelfond (ersatzweise Hühnerbrühe)
1 EL Olivenöl
3 EL Limettensaft

FÜR DEN FISCH
2 Heilbuttfilets (à ca. 150 g)
1 TL gemahlener Koriander
2 Scheiben milder Schinken (z. B. Parmaschinken)
1 EL Olivenöl

AUSSERDEM
Salz | Pfeffer

1 / Für die Salsa criolla die Zwiebel schälen, halbieren und in dünne Ringe schneiden. Essig und 1 EL Olivenöl unterheben. Abgedeckt ca. 1 Std. bei Zimmertemperatur marinieren.

2 / Inzwischen die Tomaten in feine Streifen schneiden. Die Zitrone heiß waschen, trocknen und 1 EL Schale abreiben. Die Minze waschen, trocken schütteln, die Blätter hacken. Die Macadamianüsse in einer Pfanne ohne Fett goldbraun rösten und im Mörser grob zerstoßen. Alles mit den Zwiebelringen mischen und mit Salz und Pfeffer abschmecken.

3 / Für das Bohnenpüree den Knoblauch schälen und fein hacken. Die Chilischote entkernen und zerbröseln. Die Bohnen abgießen und mit Knoblauch, Chili, Kreuzkümmel und Paprika pürieren. Nach und nach Fond oder Brühe und Olivenöl dazugeben. Das Püree mit Limettensaft, Salz und Pfeffer würzen, in einem Topf bei kleiner Hitze erwärmen und noch einmal abschmecken. Das Püree sollte geschmeidig, aber nicht zu flüssig sein. Bei kleinster Hitze warm halten, bis der Fisch fertig ist.

4 / Den Backofen auf 150° vorheizen. Die Fischfilets waschen, trocken tupfen und mit Koriander und Pfeffer würzen. Jedes Stück Filet in 1 Scheibe Schinken einwickeln. Das Olivenöl in einer beschichteten Pfanne erhitzen und die Fischpäckchen bei mittlerer Hitze zuerst mit der Naht nach unten, dann von allen Seiten 2–3 Min. anbraten. Die Filets in eine ofenfeste Form legen und im Backofen (Mitte) in 10–15 Min. fertig garen. Sie sollen innen noch glasig sein.

5 / Das Bohnenpüree auf zwei Teller verteilen, den Fisch daraufsetzen, die Salsa criolla um das Püree herum anrichten und sofort servieren.

KAFFEE-RINDFLEISCH

Unser Hotel in Bogotá liegt in der »Zona G«. Das G steht für »Gourmet«, denn in diesem Viertel gibt es überall trendige Restaurants, schicke Bars und Cafés. Wir streifen begeistert durch kleine Geschäfte mit edlen Lebensmitteln und durch gut sortierte Weinhandlungen, die auch spät am Abend noch für viel Leben in den Straßen sorgen. So deftig und schwer die Landesküche sonst auch daherkommt, so raffiniert wird hier in den Restaurants gekocht. Sogar der Kaffee, legaler Exportschlager Kolumbiens, darf in dieser »Gourmetzone« zu neuer Hochform auflaufen.

KAFFEEMARINIERTES RINDFLEISCH

MIT KRÄUTERSALAT

FÜR 4 PERSONEN
ZUBEREITUNGSZEIT: CA. 1 STD.
MARINIERZEIT: MIND. 12 STD.
GARZEIT: CA. 1 STD. + 1 STD.
PRO PORTION CA. 445 KCAL

FÜR FLEISCH UND MARINADE

50 ml Espresso
1 Vanilleschote
1 kleine rote Zwiebel
2 Knoblauchzehen
15 g Ingwer
2 EL helle Sojasauce
600 g Flanksteak (Bavette, ggf. beim Metzger vorbestellen)

FÜR DIE SAUCE

4 braune Champignons
1 frische rote Chilischote
2 Zweige Thymian
125 g Heidelbeeren
175 ml trockener Rotwein
100 ml Rinderfond (ersatzweise Rinderbrühe)
125 ml Portwein
2 Lorbeerblätter
1 EL süße Sojasauce*
1 EL Austernsauce*
1 TL Aceto balsamico

FÜR DEN KRÄUTERSALAT

60 g gemischte Kräuter (z. B. Minze, Koriandergrün, Pimpinelle, Kerbel, Estragon)
2 Frühlingszwiebeln
1 kleine Schalotte
1 frische rote Chilischote
3 EL Limettensaft
2 EL Olivenöl

AUSSERDEM

Olivenöl zum Braten
Salz

1 / Am Vortag für Fleisch und Marinade den zubereiteten Espresso abkühlen lassen. Die Vanilleschote längs aufschlitzen, das Mark herauskratzen und in eine flache Schale geben. Zwiebel, Knoblauch und Ingwer schälen, fein hacken und mit Espresso und Sojasauce in die Form geben. Alles gut verrühren. Das Fleisch von Sehnen und Fett befreien, in die Kaffeemarinade geben und abgedeckt mind. 12 Std. im Kühlschrank marinieren, dabei zwischendurch einmal wenden.

2 / Am Tag der Zubereitung das Fleisch 1 Std. vor Bratbeginn aus der Marinade heben und abgedeckt auf Zimmertemperatur bringen.

3 / In der Zwischenzeit für die Sauce die Champignons putzen, falls nötig mit Küchenpapier abreiben und in Scheiben schneiden. Die Chilischote längs halbieren, entkernen, waschen und in feine Ringe schneiden. Den Thymian waschen und trocken schütteln. Die Heidelbeeren waschen, verlesen und trocken tupfen und mit der Marinade, Champignons, Chili, Thymian, Rotwein, Fond oder Brühe, Portwein und Lorbeer in einen kleinen Topf geben. Alles zum Kochen bringen und bei kleiner Hitze zugedeckt 1 Std. köcheln lassen. Die Sauce etwas abkühlen lassen, durch ein feines Sieb streichen und feste Bestandteile wegwerfen. Die Sauce erneut erhitzen und bei großer Hitze offen auf knapp die Hälfte reduzieren. Die Sauce mit Sojasauce, Austernsauce und Aceto balsamico würzen und warm halten.

4 / Den Backofen auf 80° vorheizen. Das Fleisch trocken tupfen. 1 EL Olivenöl in einer Pfanne erhitzen und das Fleisch darin bei großer Hitze von allen Seiten in 2–3 Min. rundum braun anbraten. Das Fleisch in eine ofenfeste Form legen und im Ofen (Mitte) in 45 Min. bis 1 Std. rosa garen. Dabei mit einem Bratenthermometer die Kerntemperatur überprüfen. Sie sollte am Schluss 60° betragen.

5 / Inzwischen für den Kräutersalat die Kräuter waschen und trocken schütteln. Die Blätter abzupfen. Die Frühlingszwiebeln putzen, waschen und längs in Streifen, dann quer in 4 cm lange Stücke schneiden. Die Schalotte schälen und in dünne Ringe schneiden. Die Chilischote längs halbieren, entkernen, waschen und in feine Ringe schneiden. Limettensaft und Olivenöl verquirlen, das Dressing salzen und unterheben.

6 / Sobald das Fleisch die gewünschte Kerntemperatur erreicht hat, den Backofen ausschalten und das Fleisch bei geöffneter Backofentür 5–10 Min. ruhen lassen. Das Fleisch in dünne Scheiben schneiden und auf Teller verteilen. Etwas Sauce darübergeben und den Salat darauf anrichten. Die übrige Sauce dazu reichen. Dazu schmeckt cremige Polenta.

BANANENCHIPS

MIT SALZ

Bananenchips genießen wir nicht nur in Kolumbien als Knabberei zu einem Getränk. Sie passen aber auch als Beilage zu Ceviche, Fisch, Huhn oder Fleisch.

FÜR 4 PERSONEN | ZUBEREITUNGSZEIT: CA. 25 MIN.
EINWEICHZEIT: CA. 15 MIN.
PRO PORTION CA. 175 KCAL

2 grün-gelbe Kochbananen (s. S. 9) | Salz | 1 TL gemahlene Kurkuma | Öl zum Braten

1 / Die Kochbananen schälen und in münzdicke Scheiben schneiden. In reichlich kaltem Salzwasser ca. 15 Min. wässern, damit überschüssige Stärke weggeschwemmt wird.

2 / Die Bananenscheiben abgießen, abbrausen und trocken tupfen. Die Scheiben in einer Schüssel mit der Kurkuma vermischen.

3 / In einer beschichteten Pfanne 2 EL Öl erhitzen und etwa ein Sechstel der Bananenscheiben darin bei mittlerer bis großer Hitze in 4–5 Min. goldbraun braten, dabei zwischendurch wenden. Fertige Chips auf Küchenpapier entfetten. Die übrigen Bananenscheiben ebenso braten. Fertige Bananenchips in eine Schüssel geben und kurz vor dem Servieren mit Salz bestreuen. Die Schüssel schütteln, damit sich das Salz gleichmäßig verteilt.

4 / Wenn die fertigen Chips an Knusprigkeit verloren haben, können Sie sie im Backofen kurz rösten: auf einem Blech mit Backpapier verteilen, und bei 180° im Ofen (Mitte) 5–10 Min. trocknen. Dabei aufpassen, dass sie nicht zu dunkel werden.

OBSTSALAT

MIT INGWER UND MINZE

Bunte Steinhäuschen an grünen Hängen: Die Candelaria, die Altstadt von Bogotá, ist unbedingt einen Besuch wert – aber lieber bei Tag. Dann wird in den Gassen überall gebrutzelt, und Frauen bieten an Verkaufskarren bunte Fruchtsalate und Säfte an.

FÜR 4 PERSONEN | ZUBEREITUNGSZEIT: CA. 15 MIN.
PRO PORTION CA. 95 KCAL

1 reife, faserfreie Mango | ½ Ananas | 400 g Wassermelone | 5 g Ingwer | 1 Stängel Minze | 1 Limette

1 / Die Mango schälen, das Fruchtfleisch vom Stein schneiden und in Stücke schneiden. Die Ananas vierteln, den Strunk entfernen und das Fruchtfleisch aus der Schale schneiden. Die Ananassegmente in mundgerechte Stücke teilen. Die Wassermelone in Spalten schneiden und das Fruchtfleisch auslösen. Die Kerne mit einer Messerspitze entfernen und das Fruchtfleisch ebenfalls in Stücke schneiden. Das Obst in eine große Schüssel geben und kühl stellen.

2 / Den Ingwer schälen und fein hacken. Die Minze waschen und trocken schütteln. Die Blätter abzupfen und hacken. Die Limette auspressen und den Saft mit Ingwer und Minze unter das Obst heben. Den Obstsalat gekühlt servieren.

FRIEDLICH

Die ersten Sonnenstrahlen dringen durch die Dämmerung. Noch liegen Mompóx und der Río Magdalena in nächtlicher Stille da. Nur ein paar Fischer kehren mit ihrem Fang zurück.

8° 32‘ 16.732“ N 80° 46‘ 55.657“ W

PANAMA

Nur Skyline, Banken und Kanal? Nein, Panama hat auch wunderbare Strände, verwunschene Nebelwälder, dichten Urwald und eine artenreiche Tier- und Pflanzenwelt zu bieten. Und auch die Küche hat sich längst von amerikanischem Fast Food emanzipiert.

Die Kuna glauben an einen rundum beseelten Kosmos. Übernatürliche Kräfte wirken überall, in Pflanzen, Tieren und Naturgewalten.

Zwischen der Kanalzone und der glitzernden Hochhaussilhouette von Panama City liegt die Altstadt. Dort spazieren wir an vollständig erhaltenen Gebäudeensembles aus der spanischen und französischen Kolonialzeit vorbei.

BEI DEN INDIOS VON SAN BLAS

EINSAM AUF DER INSEL

Aus den Fenstern der kleinen Turbo-Prop-Maschine erhaschen wir einen Blick auf die pazifische Einfahrt zum Panamakanal, wo eine Armada von Frachtschiffen mit bunten Containern wartet. Doch schon verschwindet die Szene unter Wolken, und als wir wieder zum Sinkflug ansetzen, schimmert vor uns das karibische Meer mit den vielen kleinen Inseln des San-Blas-Archipels.

Das Flugzeug rollt vor Playón Chico aus, einer Siedlung der Kuna. Was wir über diesen Indianerstamm gehört haben, hat uns neugierig gemacht: dass sie in ihrem Gebiet Autonomie genießen. Dass sie, falls sie jemals eine Vorliebe für die Kopfjägerei hegten, davon jedenfalls Abschied genommen und sich aufs Sammeln von US-Dollars verlegt haben. Und dass sie sich bestens mit der Zubereitung von Meerestieren auskennen.
Wir werden von ein paar Dorfbewohnern in Empfang genommen, auf einer Liste abgehakt und per Boot zu unserer Hüttenanlage auf dem fußballfeldgroßen Nachbareiland gebracht. Alles läuft perfekt organisiert ab: Die Kuna sind jedenfalls in der Dienstleistungsgesellschaft angekommen.
Erster Programmpunkt: Ausflug zu einer weiteren Insel. Auf dem Weg dorthin springen unsere indigenen Führer in die recht hohen Wellen, um uns tropfende Meereskreaturen heraufzureichen. Bevor die Tiere wieder ins Meer entlassen werden, dürfen wir sie ausgiebig bestaunen. Wir sind beeindruckt. Ob Vergleichbares auch auf unseren Tellern landen wird?
Dass die Fähigkeit, sich aus dem Meer zu ernähren, hier tatsächlich überlebensnotwendig sein kann, erfahren wir kurz darauf. Die Kuna pflegen als Teil ihrer Eigenständigkeit auch eine eigene Gerichtsbarkeit. Missetäter werden zur Strafe schon mal auf eine der vielen unbewohnten Inseln verbannt – was den Speisezettel auf Kokosnüsse und Krebse beschränkt.
Ein solches schön großes Krustentier käme uns jetzt auch gelegen. Doch zum Abendessen bekommen wir Tintenfisch, Reis und eine Scheibe Gurke. Immerhin, als maritime Kostprobe nicht schlecht! Zu diesem Zeitpunkt wissen wir noch nicht, dass wir das Gleiche auch am nächsten Abend essen werden. Und am übernächsten.
Der süße Abschluss ist verzehrt, die Teller sind abgeräumt, da bemerken wir emsige Geschäftigkeit im Hintergrund. Verdutzt sehen wir zu, wie unsere Gastgeber die Boote flottmachen und ins Dorf zurückkehren. Halb acht, und wir sind allein in unserem Freiluftgehege. Wer noch etwas im Glas hat, kann sich glücklich schätzen. Dieses Eintauchen in die indigene Kultur der Kuna hatten wir uns etwas anders vorgestellt. Wer beobachtet hier eigentlich wen?

GERÖSTETE YUCA

AUS DEM OFEN

In Bars bekommen wir geröstete Yuca als Snack zu unseren Getränken serviert. Aber auch als Beilage begegnet uns die Knolle immer wieder.

FÜR 4 PERSONEN (ALS VORSPEISE ODER BEILAGE)
ZUBEREITUNGSZEIT: CA. 10 MIN. | GARZEIT: 30 + 25 MIN.
PRO PORTION CA. 205 KCAL

500 g Yuca (1 frische mittelgroße Wurzelknolle oder TK-Ware; s. S. 9) | 3 EL Öl | Salz

1 / Frische Yuca schälen und die Enden abschneiden. Die Yuca abspülen und in ca. 6 cm dicke Scheiben schneiden. (TK-Yuca unaufgetaut verwenden.) Die Scheiben in einem Topf mit kaltem Wasser bedecken, zum Kochen bringen, die Hitze reduzieren und die Yuca bei kleiner Hitze zugedeckt ca. 20 Min. garen. (Bei der Verwendung tiefgefrorener Yuca beträgt die Garzeit je nach Größe der Stücke 15–30 Min.) Gleitet ein spitzes Messer ohne Widerstand hinein, sind die Stücke gar. Sie dürfen dabei in der Mitte schon leicht zerfallen. Das Wasser abgießen und die Yuca bei geöffnetem Deckel auf dem Herd ausdampfen lassen.

2 / Den Backofen auf 200° vorheizen. Die Yuca-Stücke in Spalten teilen, in einer ofenfesten Form im Öl wenden und in 20–25 Min. im Backofen (Mitte) goldbraun rösten. Dabei mehrfach wenden. Die Yuca-Stücke in eine Schüssel geben und leicht salzen. Sofort servieren.

AVOCADO-PAPAYA-SALAT

MIT INGWER

Panama City beschert uns Temperaturen, die kaum unter 40 Grad sinken wollen. Zum Glück finden wir auf den Speisekarten auch leichte Salate!

FÜR 4 PERSONEN ALS VORSPEISE | ZUBEREITUNGSZEIT: CA. 15 MIN. | PRO PORTION CA. 265 KCAL

1 Avocado | 1 kleine Papaya | 1 kleine rote Zwiebel
10 g Basilikum | 5 g Ingwer | 6 EL Limettensaft
1 Prise Salz | 1 Prise Zucker | 1 Prise Cayennepfeffer
4 EL Olivenöl

1 / Die Avocado halbieren, entsteinen und schälen. Die Papaya halbieren, entkernen und schälen. Beides würfeln. Die Zwiebel schälen, halbieren und in feine Ringe schneiden. Basilikum waschen und trocken schütteln. Die Blätter abzupfen und in feine Streifen schneiden. Alle vorbereiteten Zutaten in einer Schüssel mischen.

2 / Den Ingwer schälen, fein hacken und mit Limettensaft, Salz, Zucker, Cayennepfeffer und Olivenöl zu einer Vinaigrette verquirlen. Das Dressing unter den Salat heben.

CEVICHE

MIT ROTER BETE UND MARACUJA

FÜR 4 PERSONEN ALS VORSPEISE
ZUBEREITUNGSZEIT: CA. 40 MIN.
MARINIERZEIT: MIND. 3 STD.
BACKZEIT: CA. 1 STD.
PRO PORTION CA. 175 KCAL

300 g weißfleischiges Fischfilet (z. B. Wolfsbarsch, Seezunge, Schwertfisch; Sushi-Qualität)
2 Limetten
2 Maracujas
1 kleine Rote Bete
1 EL Olivenöl
1 Orange
2 kleine Schalotten
2 EL Pinienkerne
10 g Ingwer
1 frische rote Chilischote
1 TL Anissamen
10 g Koriandergrün
Salz

1 / Den Fisch, falls notwendig, von allen Gräten befreien, waschen und trocken tupfen. Das Filet in dünne Scheiben schneiden, dabei Haut und feste Fasern entfernen. Die Limetten auspressen. Das Fruchtfleisch der Maracujas durch ein feines Sieb streichen und den Saft mit dem Limettensaft mischen. Den Fisch in einer Schüssel mit der Saftmischung begießen und 3–6 Std. abgedeckt im Kühlschrank marinieren.

2 / Inzwischen den Backofen auf 180° vorheizen. Die Rote Bete putzen, schälen und klein würfeln. In einer ofenfesten Form mit Deckel mit dem Olivenöl mischen und in 45–60 Min. weich garen. Herausnehmen und abkühlen lassen.

3 / Die Orange bis ins Fruchtfleisch schälen und die Filets zwischen den Trennhäutchen herausschneiden. Die Schalotten schälen und in feine Ringe schneiden. Die Pinienkerne in einer Pfanne ohne Fett goldgelb rösten. Den Ingwer schälen und fein hacken. Die Chilischote längs halbieren, entkernen, waschen und in feine Ringe schneiden. Die Anissamen in einer Pfanne ohne Fett anrösten, bis sie duften, dann mörsern oder in einer Gewürzmühle mahlen. Den Koriander waschen, trocken schütteln, die Blätter abzupfen und grob hacken.

4 / Den Fisch aus der Marinade heben und mit den vorbereiteten Zutaten mischen. 8 EL der Marinade mit Salz würzen und unter das Ceviche heben. Vor dem Servieren 5–10 Min. durchziehen lassen.

Panama ist das schmalste Land Mittelamerikas: Zwischen Panama City am Pazifik und Colón an der Karibikküste liegen nur etwa 60 Kilometer. Während unseres Besuchs wechseln wir öfter mal die Seite, denn Interessantes gibt es überall zu sehen. Bei so viel Küste genießen wir natürlich frischesten Fisch, auch als Ceviche.

ZITRONENHUHN

MIT GRÜNEN OLIVEN UND MANDELN

FÜR 2 PERSONEN
ZUBEREITUNGSZEIT: CA. 30 MIN.
GARZEIT: CA. 30 MIN.
PRO PORTION CA. 560 KCAL

2 Hähnchenbrustfilets (à ca. 150 g)
Salz | Pfeffer
2 EL Maismehl (ersatzweise Weizenmehl)
2 EL Olivenöl
1 Zwiebel
1 Knoblauchzehe
1 TL Kreuzkümmelsamen
1 TL Korianderkörner
2 getrocknete Chilischoten
1 Bio-Zitrone
8 Kirschtomaten
50 g entsteinte grüne Oliven (möglichst fleischige)
1 EL Tomatenmark
½ Zimtstange
½ TL frisch geriebene Muskatnuss
250 ml Geflügelfond (ersatzweise Hühnerbrühe)
35 g geschälte Mandeln
1 Handvoll Koriandergrün

1 / Die Hähnchenbrüste abbrausen, trocken tupfen und in je 3–4 Stücke teilen. Salzen, pfeffern und in Maismehl wenden. 1 EL ÖL in einer Pfanne erhitzen. Die Hähnchenstücke bei mittlerer Hitze in 3–5 Min. von allen Seiten goldbraun anbraten und herausnehmen.

2 / Zwiebel und Knoblauch schälen und fein hacken. Kreuzkümmel und Koriander in einer Pfanne ohne Fett anrösten, bis sie duften, dann mörsern oder in einer Gewürzmühle mahlen. Die Chilischoten entkernen und zerbröseln. Die Zitrone heiß waschen, trocknen und in 1,5 cm dicke Scheiben schneiden. Die Kirschtomaten waschen. Die Oliven halbieren.

3 / 1 EL Öl in der Pfanne erhitzen. Zwiebel und Knoblauch darin unter Rühren bei mittlerer Hitze in 2–3 Min. glasig anschwitzen. Zitronenscheiben, gemörserte Gewürze und Chili dazugeben und ca. 30 Sek. unter Rühren mitrösten. Tomaten, Oliven, Tomatenmark, Zimt und Muskatnuss zufügen und Fond oder Brühe angießen. Alles aufkochen und ca. 20 Min. zugedeckt bei kleiner Hitze leise köcheln lassen.

4 / Das Fleisch in der Sauce 5–10 Min. ziehen lassen. Die Mandeln halbieren und in einer Pfanne ohne Fett goldgelb anrösten. Das Koriandergrün waschen, trocken schütteln und die Blätter hacken. Zitrone und Zimt aus dem Topf entfernen und die Sauce mit Salz und Pfeffer abschmecken. Das Hähnchen mit Mandeln und Koriander bestreut servieren.

Im Dschungel der kaum bewohnten Isla Bastimentos leben noch Faultiere und Brüllaffen, dazu viele exotische Insekten. Unser Hotel bietet uns nicht nur einen traumhaften Blick über die Lagune, sondern auch kulinarische Genüsse. Gleich am ersten Abend verwöhnt uns unser Gastgeber Xavier mit einem köstlichen Zitronenhuhn.

Ein Hummeressen bildet den kulinarischen Höhepunkt unseres Aufenthalts auf der winzigen Karibikinsel Isla Bastimentos. Xavier, unser Gastgeber, pochiert die Hummerschwänze in Bier, und zwar nicht ein oder zwei, sondern reichlich! Zu Hause bereiten wir das Gericht allerdings dann doch mit den günstigeren Riesengarnelen zu.

BIERPOCHIERTE GARNELEN

AUF RISOTTO

FÜR 2 PERSONEN
ZUBEREITUNGSZEIT: CA. 50 MIN.
PRO PORTION CA. 735 KCAL

3 kleine Stängel Estragon
4 g Ingwer
400 g große rohe, ungeschälte Black-Tiger-Garnelen mit Kopf (möglichst aus Wildfang)
1 Schalotte
300 ml Geflügelfond (ersatzweise Hühnerbrühe)
1 EL Olivenöl
100 g Risotto-Reis
325 ml Rotbier (ersatzweise Saisonbier oder dunkles Bier)
1 EL Limettensaft
3 ½ EL Butter
5 EL TK-Erbsen (möglichst junge)
30 g Parmesan
Salz | Pfeffer

1 / Estragon waschen, trocken schütteln und die Blätter hacken. Den Ingwer schälen und in Scheiben schneiden. Die Garnelen abbrausen und trocken tupfen. Falls nötig, den Darmfaden entfernen. Die Schalotte schälen und fein würfeln.

2 / Fond oder Brühe erhitzen und warm halten. Das Öl in einem Topf erhitzen und die Zwiebelwürfel darin in 2–3 Min. bei mittlerer Hitze glasig anschwitzen. Den Reis 2–3 Min. anbraten, bis er glasig wird. Alles mit 125 ml Bier ablöschen. Sobald die Flüssigkeit fast vollständig verdampft ist, etwas Fond oder Brühe angießen. Den Reis bei kleiner Hitze leise köcheln, dabei immer wieder so viel Fond oder Brühe dazugeben, dass die Oberfläche gerade bedeckt ist. Dabei häufig umrühren. So lange fortsetzen, bis die Reiskörner weich sind, innen aber noch leichten Biss haben. Das dauert 15–20 Min.

3 / Inzwischen in einem weiten Topf die Ingwerscheiben mit den übrigen 200 ml Bier, Limettensaft und 2 ½ EL Butter bis knapp unter dem Siedepunkt erhitzen. Die Garnelen in den Sud legen. Wenn sie nicht ganz bedeckt sind, etwas heißes Wasser dazugeben und die Garnelen in 6–8 Min. gar pochieren.

4 / Inzwischen Estragon, Erbsen, 1 EL Butter und Parmesan unter den Reis rühren und den Risotto mit Salz und Pfeffer abschmecken. Die Garnelen nach Belieben schälen und mit dem Risotto servieren. Dazu schmeckt ein Salat aus gewürfelter Avocado, mit einer Vinaigrette angemacht.

LAMMSCHMORTOPF

MIT ERDNÜSSEN UND KOCHBANANEN

FÜR 4 PERSONEN
ZUBEREITUNGSZEIT: CA. 30 MIN.
RUHEZEIT: CA. 1 STD.
SCHMORZEIT: CA. 2 STD. 45 MIN.
PRO PORTION CA. 825 KCAL

4 grüngelbe bis gelbe Kochbananen (s. S. 9)
1 Zwiebel
700 g Lammfleisch (Keule)
2 EL Öl
1 EL pazifisches Gewürzpulver (s. S. 322)
125 ml trockener Rotwein
125 ml Lammfond
2 Tomaten
1 grüne Paprika
2 rote Chilischoten
3 EL ungeröstete Erdnusskerne (Asienladen)
Salz | Pfeffer
1 EL Aceto balsamico
1 kleine Handvoll Koriandergrün

1 / Die Kochbananen schälen, in Scheiben schneiden, mit Wasser bedecken und abgedeckt 1 Std. kalt stellen. Inzwischen die Zwiebel schälen und hacken. Das Fleisch von Fett und Sehnen befreien und in große Würfel schneiden. Das Öl in einer Pfanne erhitzen und das Fleisch darin portionsweise bei großer Hitze von allen Seiten in je 3–4 Min. braun anbraten. Zwiebel und Gewürzpulver zum Fleisch geben und 2–3 Min. mitrösten. Alles mit Wein und Fond ablöschen und bei kleiner Hitze zugedeckt ca. 1 Std. 30 Min. schmoren lassen.

2 / In der Zwischenzeit die Tomaten kreuzweise einritzen, mit kochendem Wasser überbrühen, häuten und halbieren. Stielansatz und Kerne entfernen und das Fruchtfleisch grob würfeln. Zum Fleisch geben und weitere 45 Min. zugedeckt schmoren lassen.

3 / Die Paprika halbieren, weiße Trennwände und Kerne entfernen, die Hälften waschen und in Stücke schneiden. Die Chilischoten längs halbieren, entkernen, waschen und in feine Ringe schneiden. Die Erdnüsse in einer Pfanne ohne Fett goldgelb rösten und grob mörsern. Die Kochbananen abgießen und trocken tupfen.

4 / Alle vorbereiteten Zutaten zum Fleisch geben und weitere 30 Min. zugedeckt köcheln. Alles mit Salz, Pfeffer und Aceto balsamico abschmecken. Den Koriander waschen, trocken schütteln, die Blätter grob hacken und darüberstreuen.

Im Restaurant betet der Ober die Karte herunter. Seine besondere Empfehlung: Tintenfisch kreolisch. Wir bestellen, aber er antwortet: »No hay« – gibt es nicht. Wir versuchen es mit einem anderen Tagesgericht. »No hay.« Jetzt sind wir doch etwas erstaunt. Was es denn überhaupt gibt? »Eigentlich nur Lamm mit Kochbananen.«

KIRSCHKUCHEN

MIT SCHOKO UND NUSS

FÜR 1 KUCHEN (8 STÜCKE)
ZUBEREITUNGSZEIT: CA. 30 MIN.
BACKZEIT: CA. 45 MIN.
PRO STÜCK CA. 300 KCAL

300 g Sauerkirschen (ersatzweise TK-Kirschen oder Schattenmorellen aus dem Glas)
2 Eier (M)
1 Prise Salz
100 g zimmerwarme Butter
75 g Zucker
½ Vanilleschote
1 EL Kakaopulver
1 Prise Zimtpulver
½ TL Cayennepfeffer
1 EL brauner Rum
50 ml Espresso
75 g Mehl
75 g gemahlene Haselnusskerne (ersatzweise gemahlene Mandeln)
2 TL Backpulver

AUSSERDEM
Springform (18 cm Ø)
Öl für die Form

1 / Die Kirschen waschen, abtropfen lassen, entstielen und entsteinen (Schattenmorellen aus dem Glas abgießen und abtropfen lassen). Den Backofen auf 200° vorheizen. Die Springform mit Öl auspinseln.

2 / Die Eier trennen. Die Eiweiße mit der Prise Salz sehr steif schlagen. Butter und Zucker schaumig rühren. Die Vanilleschote längs aufschlitzen, das Mark herauskratzen und mit Kakao, Zimt und Cayennepfeffer unterrühren. Nach und nach die Eigelbe gründlich unterquirlen. Rum und Espresso unter ständigem Rühren löffelweise dazugeben.

3 / Das Mehl mit Nüssen und Backpulver mischen und nach und nach über den Kuchenteig streuen, dabei weiterrühren, bis ein glatter Teig entstanden ist. Zuletzt vorsichtig den Eischnee unterheben.

4 / Den Teig in die Form füllen und mit den Kirschen belegen. Den Kuchen im Ofen (Mitte) ca. 45 Min. backen. Sobald an einem hineingesteckten Holzstäbchen kein Teig mehr kleben bleibt, ist er fertig. Den Kuchen herausnehmen, auf einem Kuchengitter abkühlen lassen und aus der Form lösen.

Im Panamakanal-Museum dürfen wir uns auf die Kommandobrücke eines großen Frachtschiffs stellen und versuchen, es einigermaßen sicher durch die Schleusen und den Kanal zu bugsieren – zum Glück nur am Simulator! Nach gelungener Durchquerung belohnen wir uns zum Captain's Coffee mit diesem exzellenten Kirschkuchen.

MÄRCHENHAFT

Zarte Orchideen schauen zwischen Moosen und Flechten hervor. Bromelien wuchern auf Ästen. In der Luft stehen Kolibris, und hin und wieder ertönt das melodische Pfeifen des bunt gefiederten Quetzal: Die Nebelwälder im Hochland von Boquete verzaubern uns mit ihrer Atmosphäre.

4 WOCHEN KÖNNEN AUCH IHRE

34° 3‘ 8.042“ N 118° 14‘ 37.266“ W

LOS ANGELES

Auf den ersten Blick ein schier endloses Häusermeer am Pazifischen Ozean, auf den zweiten eine Stadt voller Superlative, schrill und faszinierend. Während sich im Stadtteil Hollywood alle Scheinwerfer auf die Stars richten, spielen in den Restaurants der Stadt Zutaten und Aromen aus der ganzen Welt die Hauptrollen.

Muskeltraining, Ultra-Sport, Voodoo-Zauber oder Freakshow: Venice Beach bietet für jeden Geschmack etwas. Nur mit der Stille wird es schwierig.

Moderne Großstadtarchitektur dominiert das Bild von L. A. Aber dazwischen stoßen wir immer wieder auf die Spuren spanischer Kolonialgeschichte.

BIG SPLASH IN HOLLYWOOD

EINTAUCHEN IN EIN VERGESSENES KUNSTWERK

Still und schier endlos liegt Los Angeles unter uns. Wir stehen an den großen Fenstern unseres Hotels und bewundern den Sonnenaufgang über der Stadt: So weit das Auge reicht, leuchten niedrige Häuser im orangefarbenen Licht der Morgensonne, überragt von schlanken, dunkelgrünen Palmen.

Unser Blick fällt auf den Hotelgarten mit dem Pool, der uns sofort an ein Bild des britischen Malers David Hockney denken lässt. Von dem hellblauen Beckengrund hebt sich ein Muster aus verschlungenen dunkelblauen Linien ab, die sich mit jeder Welle auf der Wasseroberfläche zu bewegen scheinen. Unwirklich lebendig kommt es uns vor, und wir beschließen, sofort schwimmen zu gehen. Kaum sind wir in das kühle Wasser eingetaucht, beginnen die Farbstreifen auf dem Boden förmlich zu tanzen. Faszinierend!

Tatsächlich sind wir in ein Hockney-Kunstwerk eingetaucht, wie wir später erfahren. Als das Hotel in den Achtzigern renoviert wurde, verzierte der Künstler innerhalb weniger Stunden den Boden des leeren Pools mit dunkelblauer Farbe. Zu diesem Zeitpunkt lebte David Hockney bereits seit vielen Jahren in Los Angeles, und seine Gemälde von Swimmingpools in leuchtenden Farben hingen in den großen Museen der Welt. Nun bekam das Hollywood Roosevelt Hotel einen Hockney, in dem man tatsächlich schwimmen konnte. Kunstwelt und Hotelbesucher waren begeistert, die kalifornischen Behörden weniger. Sie zogen eine Anordnung aus der Schublade, dass öffentliche Schwimmbecken aus Sicherheitsgründen einfarbig zu gestalten seien, und ordneten die Entfernung der Muster an. Fast wäre der Welt ein einzigartiger Hockney verloren gegangen, wenn nicht … ja, wenn nicht ein Galerist auf die Idee gekommen wäre, den Pool zum Kunstwerk zu erklären. Wert: eine Million Dollar.

Kunstzerstörung wollte sich die Obrigkeit dann doch nicht nachsagen lassen. Die Sache rief ein paar Politiker auf den Plan. Flugs wurde eine Gesetzesänderung auf den Weg gebracht: Künftig sollte das Gebot der Einfarbigkeit nur noch für Pools unter dem Wert von einer Million Dollar gelten. Der Hockney-Pool war gerettet. Gefeiert wurde der Triumph der Kunst über die Behörden mit einer großen Party unter dem Motto »Big Splash«, benannt nach einem der berühmtesten Hockney-Gemälde, »A Bigger Splash«.

So kommen wir in den Genuss, unseren Aufenthalt in Los Angeles gewissermaßen in einem Originalgemälde zu beginnen. Die Lebendigkeit der tanzenden Linien steckt an. Als wir aus dem Wasser steigen, fühlen wir uns frisch und bereit, die Stadt zu erkunden.

GARNELEN

MIT MANGO-SALSA

Im gleißenden Licht ziehen die weißen Strände Südkaliforniens an uns vorbei. Auf der Fahrt von San Diego nach L. A. legen wir in La Jolla einen Stopp ein, um den Robben beim Sonnenbaden zuzuschauen und dabei frische Meeresfrüchte zu genießen.

FÜR 4 PERSONEN ALS VORSPEISE
ZUBEREITUNGSZEIT: CA. 30 MIN.
PRO PORTION CA. 230 KCAL

1 reife, faserfreie Mango
½ rote Paprika
1 Frühlingszwiebel
2 frische rote Chilischoten
5 g Ingwer
½ Bund Koriandergrün
2 EL Limettensaft
1 EL Olivenöl
Salz | Pfeffer
3 Knoblauchzehen
2 EL Öl
500 g rohe, geschälte Garnelen mit Schwanz

1 / Die Mango schälen und vom Stein schneiden. Die Paprika schälen, weiße Trennwände und Kerne entfernen und die Paprika waschen. Mit der Mango in 5 mm große Würfel schneiden. Die Frühlingszwiebel putzen und in feine Ringe schneiden. Die Chilis waschen und ohne Stielansatz und Samen in feine Ringe schneiden. Die Hälfte davon beiseitestellen.

2 / Den Ingwer schälen und hacken. Den Koriander, waschen und trocken schütteln, die Blätter abzupfen und hacken. Den Limettensaft mit dem Olivenöl verrühren. Alle Zutaten bis auf die beiseitegelegten Chiliringe in einer kleinen Schüssel mischen und mit Salz und Pfeffer abschmecken.

3 / Die Garnelen abbrausen und trocken tupfen. Falls nötig, am Rücken einschneiden und den Darmfaden entfernen. Den Knoblauch schälen und fein hacken. Das Öl in einer beschichteten Pfanne erhitzen und den Knoblauch darin ca. 1 Min. bei großer Hitze anbraten. Die Garnelen mit den beiseitegelegten Chiliringen dazugeben und alles 2–4 Min. braten, bis sich die Garnelen rosa verfärben. Die Garnelen salzen, auf Teller verteilen und mit der Mango-Salsa servieren.

FENCHELSALAT

MIT KRÄUTERN UND FETA

Unser Hotel in West Hollywood erweist sich als Oase im anstrengenden L. A. 1929 fand hier die allererste Verleihung der Academy Awards statt. Wir wohnen am Ursprung der Oscars! In der Umgebung entdecken wir einige Restaurants, die sich »healthy food« kalifornischen Stils verschrieben haben. Dieser Fenchelsalat schmeckt uns besonders gut.

FÜR 4 PERSONEN ALS VORSPEISE
ZUBEREITUNGSZEIT: CA. 20 MIN.
MARINIERZEIT: CA. 2 STD.
PRO PORTION CA. 255 KCAL

1 mittelgroße Knolle Fenchel
3 EL Olivenöl
3 EL Limettensaft (plus Limettensaft zum Abschmecken)
Salz
3 Frühlingszwiebeln
1 frische grüne Chilischote
2 Mini-Salatgurken
½ Bund Dill
½ Bund glatte Petersilie
½ Bund Minze
½ Bund Koriandergrün
3 EL Pinienkerne
Pfeffer
150 g Schafskäse (Feta)

1 / Den Fenchel waschen, putzen und mit einem Gemüsehobel in sehr dünne Scheiben hobeln. Die Fenchelscheiben in einer Salatschüssel mit den Händen ca. 1 Min. kneten. Olivenöl mit 3 EL Limettensaft und 1 TL Salz verquirlen, über den Fenchel geben und alles mischen. Den Salat 1–2 Std. marinieren, dabei ab und an umrühren.

2 / Die Frühlingszwiebeln putzen, waschen, längs in Streifen und quer in 3 cm lange Stücke schneiden. Die Chilischote längs halbieren, entkernen, waschen und in feine Ringe schneiden. Die Gurken schälen und mit einem Sparschäler längs lange Streifen abziehen. Die Mitte mit den Samen entfernen. Die Kräuter waschen und trocken schütteln. Die Spitzen bzw. Blätter abzupfen und hacken. Die Pinienkerne in einer Pfanne ohne Fett bei kleiner Hitze goldbraun rösten.

3 / Frühlingszwiebeln, Chili, Gurkenstreifen und Kräuter unter den Fenchel heben und den Salat mit Limettensaft, Salz und Pfeffer abschmecken. Den Schafskäse darüberkrümeln und den Salat mit den gerösteten Pinienkernen bestreuen.

Streetfood-Fans pilgern in L.A. zum Grand Central Market, wo sich die aktuellen Trends an der Länge der Warteschlangen ablesen lassen: ganz vorn Tacos und chinesische Suppen. An einem Stand werden die sonst achtlos weggeworfenen Teile vom Schwein, vom Rüssel über die Ohren bis zum Schwänzchen, geröstet und kräftig gewürzt in Tortillafladen gewickelt. Uns zieht es allerdings eher zu den interessanten Suppen.

EISGEKÜHLTE GEMÜSESUPPE

MIT GEBRATENEN JAKOBSMUSCHELN

FÜR 4 PERSONEN ALS VORSPEISE
ZUBEREITUNGSZEIT: CA. 30 MIN.
KÜHLZEIT: CA. 6 STD.
PRO PORTION CA. 360 KCAL

5 Eiertomaten
1 Salatgurke
3 Paprika (je 1 gelbe, rote und orangefarbene)
4 Knoblauchzehen
20 g Ingwer
2 Stängel Zitronengras*
1 getrocknete Chilischote
5 EL Olivenöl
1 TL gemahlener Kreuzkümmel
1 ½ EL Weißweinessig
Salz
Cayennepfeffer
1 Avocado
1 Frühlingszwiebel
4 Stängel Basilikum
8 Jakobsmuscheln
1 ½ EL helle Sojasauce

AUSSERDEM

4 Holz-Schaschlikspieße

1 / Die Tomaten waschen und ohne Stielansatz grob würfeln. Die Gurke schälen, längs halbieren, die Samen mit einem Teelöffel herauskratzen und das Fruchtfleisch quer in Scheiben schneiden. Die Paprika halbieren, weiße Trennwände und Kerne entfernen, die Hälften waschen und in grobe Stücke schneiden. Knoblauch und Ingwer schälen und fein hacken.

2 / Vom Zitronengras die äußeren Hüllblätter entfernen und das saftige untere Drittel fein hacken. Die Chilischote entkernen und zerbröseln. Alle vorbereiteten Zutaten mit 3 EL Olivenöl und dem Kreuzkümmel im Mixer fein pürieren und durch ein Sieb streichen. Die Suppe mit Essig, Salz und Cayennepfeffer würzen und abgedeckt ca. 6 Std. kalt stellen.

3 / Kurz vor dem Servieren die Avocado halbieren, entsteinen, schälen und würfeln. Die Frühlingszwiebel putzen, waschen und in dünne Ringe schneiden. Beides auf vier Schalen verteilen. Die kalte Suppe abschmecken und darübergießen. Das Basilikum waschen, trocken schütteln, die Blätter in Streifen schneiden und darüberstreuen.

4 / Die Jakobsmuscheln abbrausen und trocken tupfen. 2 EL Olivenöl in einer Pfanne erhitzen. Die Jakobsmuscheln darin bei großer Hitze je 1 Min. pro Seite anbraten, mit der Sojasauce ablöschen und vom Herd nehmen. Je 2 Jakobsmuscheln auf einen Holzspieß stecken und quer über die Suppenschalen legen.

LAMM MIT GNOCCHI

Venice Beach gleicht einem Jahrmarkt der Eitelkeiten: überall schräge und ausgeflippte Gestalten. Generationen von Bodybuildern haben am Muscle Beach ihren Körper gestählt. Vor den graffitibesprühten Fassaden buhlen Skater, Straßenkünstler und Musiker um die Aufmerksamkeit von Spaziergängern und Badegästen. Doch an anderen Stellen merken wir, dass keineswegs überall Glitter und Glamour herrscht. Von unserem Ausflug zurückgekehrt, widmen wir uns wieder den kulinarischen Kontrasten: Wir finden sie in diesem köstlichen Lammgericht, das einen italienischen Klassiker mit der Würze Asiens kombiniert.

PFANNENGERÜHRTES LAMM

MIT SÜSSKARTOFFELGNOCCHI

FÜR 2 PERSONEN
ZUBEREITUNGSZEIT: CA. 50 MIN.
KOCHZEIT: CA. 30 MIN.
RUHEZEIT: CA. 30 MIN.
PRO PORTION CA. 1035 KCAL

FÜR DIE SÜSSKARTOFFELGNOCCHI

- 1 orangefleischige Süßkartoffel (ca. 350 g)
- 175 g Dinkelmehl (falls nötig, etwas mehr)
- 1 Prise gemahlene Kurkuma
- 1 Prise Muskatnuss, frisch gerieben
- 2 EL Öl

FÜR DAS LAMM

- 300 g Lammlachse
- 1 EL Maisstärke
- 1 TL gemahlener Kreuzkümmel
- schwarzer Pfeffer
- 2 Knoblauchzehen
- 10 g Ingwer
- 1 Stange Staudensellerie
- 4 dünne Frühlingszwiebeln
- 1 frische grüne Chilischote (fingerlang)
- 1 frische rote Chilischote (fingerlang)
- 20 g Koriandergrün
- 2 EL Öl
- 2 EL Pilzsojasauce*
- 2 EL trockener Weißwein
- 2 EL Geflügelfond (ersatzweise Hühnerbrühe)
- 1 EL Austernsauce*
- 1 TL geröstetes Sesamöl*

AUSSERDEM

- Salz
- doppelgriffiges Mehl zum Verarbeiten (ersatzweise übliches Mehl, Type 405)
- Öl

1 / Für die Gnocchi die Süßkartoffel waschen, in sehr grobe Stücke schneiden, in einem Topf knapp mit Salzwasser bedecken und aufkochen. Die Stücke in ca. 25 Min. zugedeckt bei kleiner Hitze weich kochen, abgießen und etwas ausdampfen lassen. Die Süßkartoffel noch heiß schälen und durch die Kartoffelpresse drücken. Die Masse wiegen und die Hälfte des Gewichts an Dinkelmehl zufügen (bei 350 g Masse also 175 g). Beides gut verkneten (der Teig darf ruhig noch ein bisschen klebrig sein), mit Salz, Kurkuma und Muskatnuss würzen und 30 Min. offen ruhen lassen.

2 / In der Zwischenzeit für das Lamm das Fleisch von Sehnen und Fett befreien und quer zur Faser in ca. 3 mm dicke Scheiben schneiden. Die Maisstärke mit Kreuzkümmel, Salz und Pfeffer mischen und die Fleischstücke darin wenden.

3 / Knoblauch und Ingwer schälen und fein hacken. Den Staudensellerie waschen, putzen, falls nötig entfädeln und in ca. 3 cm lange Stifte schneiden. Die Frühlingszwiebeln putzen, waschen und in ca. 3 cm lange Stücke schneiden. Die Chilischoten halbieren, entkernen, waschen und längs in dünne Streifen schneiden. Den Koriander waschen, trocken schütteln und die Blätter grob hacken. Die Stängel in 3 cm lange Stücke schneiden.

4 / Den Backofen auf 50° vorheizen und eine Servierplatte sowie eine Schüssel darin vorwärmen. Die Gnocchimasse auf wenig Mehl zu zwei ca. 1,5 cm dicken Rollen formen und davon ca. 5 mm dicke Scheiben abschneiden. Die Scheiben in Mehl wälzen, zu Kugeln formen und mit dem Daumen etwas platt drücken.

5 / In einem großen Topf Salzwasser mit 1 EL Öl aufkochen, die Gnocchi hineingleiten lassen und bei kleiner Hitze in ca. 3 Min. gar ziehen lassen. Dabei einmal umrühren. Sobald sie an die Oberfläche steigen, die Gnocchi mit einem Schaumlöffel herausheben, kurz abtropfen lassen und im Backofen warm halten.

6 / Für das Lamm 1 EL Öl in einer beschichteten Pfanne stark erhitzen. Die Fleischstücke darin bei großer Hitze unter Rühren ca. 1 Min. anbraten und in die vorgewärmte Schüssel geben.

7 / Erneut 1 EL Öl erhitzen und Knoblauch und Ingwer darin 1–2 Min. bei mittlerer Hitze anbraten, bis sie duften. Staudensellerie, Frühlingszwiebeln und Chilis dazugeben und 2–3 Min. unter Rühren mitbraten. Alles mit Sojasauce, Weißwein, Fond oder Brühe und Austernsauce ablöschen und ca. 2 Min. köcheln lassen. Das Gemüse sollte noch leichten Biss haben.

8 / Inzwischen in einer zweiten Pfanne 1 EL Öl erhitzen und die Gnocchi darin ca. 2 Min. bei mittlerer Hitze wenden. Fleisch und Koriander zum Gemüse geben und unter Rühren nur ganz kurz warm werden lassen. Das Lamm mit Sesamöl beträufeln und mit den Gnocchi servieren.

MOKKA-MARSHMALLOWS

L. A. STYLE

Der »Mäusespeck« aus Kindertagen erlebt in den USA gerade eine Renaissance. In speziellen Gourmetshops werden die schaumigen Bissen von Hand gefertigt und in verschiedensten Geschmacksrichtungen angeboten.

FÜR CA. 80 STÜCK | ZUBEREITUNGSZEIT: CA. 20 MIN.
RUHEZEIT: MIND. 24 STD. | PRO STÜCK CA. 15 KCAL

50 g Puderzucker | 50 g Maisstärke | 25 g kalt lösliche Gelatine | 150 ml Kaffee | 1 Eiweiß (M) | 1 Prise Salz
150 g feiner Zucker | AUSSERDEM: Öl für Backpapier und Messer | Thermometer

1 / Backpapier auf ein Blech legen und ölen. Puderzucker und Stärke mischen und etwas davon auf dem Blech verstreuen.

2 / Die Gelatine in 65 ml Kaffee quellen lassen. Eiweiß mit Salz sehr steif schlagen. Zucker und restlichen Kaffee langsam auf 125° erhitzen, vom Herd nehmen und die Gelatinemischung einrühren, bis sie sich klumpenfrei gelöst hat. Falls nötig, noch einmal etwas erwärmen. Die Quirle der Küchenmaschine auf mittlerer Geschwindigkeit laufen lassen und nach und nach die heiße Zucker-Kaffee-Mischung in den Eischnee einrühren. Dann bei hoher Geschwindigkeit weiterschlagen, bis die Mixtur an Volumen gewonnen hat, dick und kalt ist. Langsam die Geschwindigkeit reduzieren.

3 / Die Masse ca. 2 cm hoch auf das Backpapier streichen (dabei wird nicht das ganze Blech bedeckt) und bei Zimmertemperatur mind. 24 Std. trocknen lassen. In Würfel schneiden (das geht am besten mit einem leicht geölten Messer) und in der Puderzuckermischung wälzen. Sollten sie kleben, ein zweites Mal wälzen.

MARSHMALLOW WHIP

HOLLYWOOD

In San Francisco finden wir später sogar Gourmet-Mallows mit THC, dem psychoaktiven Wirkstoff der Hanfpflanze – Naschen erlaubt, aber selbstverständlich nur zu rein medizinischen Zwecken! Ein bisschen suspekt ist uns das schon. Allein mit Mocca und Limette heben in diesem perfekten Dessert die Marshmallows schon die Stimmung an.

FÜR 4 PERSONEN | ZUBEREITUNGSZEIT: CA. 20 MIN.
KÜHLZEIT: CA. 3 STD. | PRO PORTION CA. 185 KCAL

1 Limette | 75 g Mokka-Marshmallows (s. S. 112)
125 g Sahne | 4 Maracujas

1 / Die Limette auspressen. Den Saft mit 2 EL Wasser und den Marshmallows in einen kleinen Topf geben und bei kleiner Hitze langsam schmelzen lassen. Vom Herd nehmen und abkühlen lassen.

2 / Die Sahne schlagen und unter die Marshmallow-Masse ziehen. Die Hälfte der Creme auf vier Gläser (z. B. Martinigläser) verteilen. Die Maracujas halbieren, das Fruchtfleisch aus der Schale löffeln und über die Creme geben. Die restliche Creme darauf verteilen und den Marshmallow Whip ca. 3 Std. kalt stellen.

BIZARR

Neben den namengebenden Josua-Palmlilien beeindrucken uns in der Wüstenlandschaft des Joshua Tree Parks unweit von Los Angeles auch die spektakulären Granitfelsen, das Buschland und die vielen Kakteen.

21° 12' 9.72" S 159° 48' 20.437" W

COOK ISLANDS

Die Hauptinsel Rarotonga und die blaue Lagune von Aitutaki bekam Namensgeber James Cook nie zu sehen. Damit hat er etwas versäumt. Paradiesisch sind nämlich nicht nur die Cookinseln, sondern auch ihre Südseeköstlichkeiten.

Endlich! Nach drei Tagen Regen schimmert die Lagune von Aitutaki das erste Mal wieder in der gesamten Farbpalette von Blau- und Türkistönen.

Lange galten die Cook Islands als Kannibalenreich. Ihre Vorliebe für Menschenfleisch haben die Bewohner zum Glück schon lange abgelegt, und die Inseln zeigen sich heute als friedliche Postkartenidylle.

AUF DER CORAL ROUTE

INSELHOPPING MIT COCKTAIL UND PARTY

Wir sitzen im Schatten und warten auf unser Essen: Ika Mata, roh marinierter Fisch auf Südsee-Art. Während wir in der schwülen Hitze müde die Fliegen wegwedeln, bleiben unsere Blicke an Fotos und Werbeplakaten aus den Fünfzigerjahren hängen.

Sie zeichnen das klassische Sehnsuchtsbild der Südsee: unberührte Kulturen, üppige Natur, friedfertige Menschen mit Blumen im Haar. Vor den paradiesischen Inselkulissen taucht immer wieder ein Flugboot auf. Moment, davon haben wir doch schon gehört! Auf Akaiami, einer der Cookinseln im Aitutaki-Archipel, legten vor sechzig Jahren die Flugboote der Tasman Empire Airways Limited (T. E. A. L.) an; es war eine von drei Zwischenlandungen auf dem dreißigstündigen Flug von Neuseeland nach Tahiti.
Als wir unseren Fisch bekommen, lassen wir uns von dem Besitzer der Kneipe Einzelheiten über das Reisen auf der legendären »Coral Route« berichten. Wir erfahren, dass der erste Zwischenstopp nach dem morgendlichen Start in Auckland nachmittags auf Fidschi eingelegt wurde. Die Gäste wurden in dunklen Limousinen zum berühmten Grand Pacific Hotel chauffiert, wo sie die Nacht verbrachten. Am nächsten Morgen ging die Reise weiter Richtung Samoa. An der Bar des legendären Aggie Grey's Hotel in Apia trafen sich damals Literaten, Abenteurer und reiche Prominenz, um zu eleganten Cocktails die neuesten Geschichten auszutauschen. Sehr beliebt war der sogenannte Pink Gin, Plymouth Gin mit einem Spritzer Angostura und einem Stück Zitronenschale.
Gegen Mitternacht bestiegen die Gäste der Coral Route wieder das Flugboot, um morgens auf Akaiami zwischenzulanden. Wegen der geschützten Lage legte das Flugboot gelegentlich bei Schlechtwetterwarnung in der Lagune eine Zwangspause ein. Dann wurde kurzfristig ein Fest organisiert, bei dem man das Essen unter Palmen servierte und mit Tänzern für Zerstreuung sorgte. Von Akaiami aus startete das Flugboot wieder zur letzten Etappe auf dem Weg nach Tahiti.

Schade, dass das Reisen auf der Coral Route bereits 1960 eingestellt wurde! Während man damals bei einer maximalen Flughöhe von 3000 Metern die ganze Schönheit der pazifischen Inselwelt von oben betrachten konnte, fliegt man heute nonstop über den Pazifik; und zwar so hoch, dass in dem unendlichen Blau kaum noch Details zu erkennen sind. Es sei denn, man landet gezielt hier – so wie wir.

BUNTER SALAT

MIT GRÜNER MANGO UND KOKOS

Wir erreichen den Archipel Aitutaki bei strömendem Regen, aber wir werden bereits erwartet. Moeau schüttelt uns zur Begrüßung kräftig die Hand und legt uns Blumenkränze um den Hals. Später serviert sie uns in unserer Pfahlhütte diesen polynesischen Salat.

FÜR 4 PERSONEN ALS VORSPEISE | ZUBEREITUNGSZEIT: CA. 25 MIN. | PRO PORTION CA. 140 KCAL

2 EL frisch geriebene Kokosnuss (ersatzweise Kokosraspel) | 1 Möhre | 1 kleine grüne Mango | 1 kleine rote Paprika | 1 Tomate | 1 kleine Schalotte | ½ Bund Koriandergrün | 1 frische rote Chilischote | 1 Knoblauchzehe
2 EL Limettensaft | 2 EL Kokoscreme (s. S. 8 f.)
1 EL helle Sojasauce | Salz | Pfeffer

1 / Geriebene Kokosnuss in einer Pfanne ohne Fett goldbraun rösten. Die Möhre putzen, schälen und raspeln, die Mango schälen und das Fruchtfleisch ebenfalls vom Stein raspeln. Die Paprika schälen, halbieren, Trennwände und Kerne entfernen, die Hälften waschen und fein würfeln. Die Tomate einritzen, überbrühen, häuten und ohne Stielansatz und Kerne würfeln. Die Schalotte schälen und in feine Ringe schneiden. Den Koriander waschen, trocken schütteln und die Blätter hacken. Alle vorbereiteten Zutaten für den Salat mischen.

2 / Die Chilischote halbieren, entkernen, waschen und in feine Ringe schneiden. Den Knoblauch schälen und fein hacken und mit Chili, Limettensaft, Kokoscreme und Sojasauce zu einem Dressing verrühren. Mit Salz und Pfeffer abschmecken und unter den Salat heben.

PALMHERZSALAT

MIT KRÄUTERN UND GERÄUCHERTEM FISCH

Die Inseln des Aitutaki-Archipels umschließen nierenförmig die berühmte Blaue Lagune, vor den rauen Wellen des Pazifiks noch vom ringförmigen äußeren Riff geschützt. Auch Kreuzfahrtschiffe kommen daher nicht nah heran. Deshalb können wir in beschaulicher Atmosphäre diese Inselspezialität genießen.

FÜR 4 PERSONEN ALS VORSPEISE | ZUBEREITUNGSZEIT: CA. 30 MIN. | PRO PORTION CA. 295 KCAL

1 Pink Grapefruit | 100 g Palmherzen (aus der Dose) 1 Avocado | 2 Frühlingszwiebeln | 8 entsteinte schwarze Oliven | 40 g Rucola | 10 g Minze | 1 frische rote Chilischote | 2 EL Weißweinessig | 1 TL brauner Zucker 2 EL Olivenöl | Salz | Pfeffer | 200 g geräuchertes Fischfilet (z. B. Makrele oder Forelle)

1 / Die Grapefruit mit einem scharfen Messer bis ins Fruchtfleisch schälen und die Filets zwischen den Trennhäutchen herausschneiden. Die Kerne entfernen. Die Palmherzen in Scheiben schneiden. Die Avocado halbieren, entsteinen, schälen und in Würfel schneiden. Die Frühlingszwiebeln putzen, waschen und in Ringe schneiden. Die Oliven quer halbieren.

2 / Rucola und Minze waschen und trocken schütteln. Die Blätter der Minze abzupfen. Alle vorbereiteten Zutaten in einer Salatschüssel mischen.

3 / Die Chilischote längs halbieren, entkernen, waschen und in feine Ringe schneiden. Die Chiliringe mit Weißweinessig, Zucker und Olivenöl verquirlen, das Dressing mit Salz und Pfeffer abschmecken und unter den Salat heben.

4 / Den Salat auf vier Teller verteilen. Den Fisch grob zerpflücken und daraufgeben.

Die Stewardess, bunte Papageienblumen im Haar, kündigt den Landeanflug auf Rarotonga an. Unter uns liegt die Insel wie ein grüner Hügel im Pazifik. Hungrig suchen wir nach der Landung gleich das nächste Restaurant am Strand auf. Der Salat mit seiner süßsauren Schärfe lässt uns endgültig auf der größten der Cookinseln ankommen.

SCHARFSAURER SALAT

MIT GEGRILLTER MAKRELE

FÜR 4 PERSONEN ALS VORSPEISE
ZUBEREITUNGSZEIT: CA. 45 MIN.
PRO PORTION CA. 160 KCAL

1 Mini-Salatgurke
8 Kirschtomaten
1 Stange Staudensellerie
1 Frühlingszwiebel
1 kleine Schalotte
25 g Koriandergrün
30 g Brunnenkresse (ersatzweise Rucola)
1 kleine Makrele
Salz | Pfeffer
½ TL rosa Pfefferbeeren (Schinus)
1 frische grüne Chilischote
1 Stängel Zitronengras*
1 EL Chinkiang-Essig*
1 EL süße Sojasauce*
1 EL helle Sojasauce
2 EL Limettensaft
2 EL ungeröstete Erdnusskerne (Asienladen)

AUSSERDEM
Öl für das Blech

1 / Die Gurke putzen, waschen, quer halbieren und längs in sehr dünne Scheiben schneiden. Die Kirschtomaten waschen und halbieren. Den Staudensellerie waschen, putzen und in dünne Scheiben schneiden. Die Frühlingszwiebel putzen und waschen, die Schalotte schälen und beides in dünne Ringe schneiden. Koriander und Brunnenkresse waschen und trocken schleudern. Die Blätter abzupfen, weiche Stängel in Stücke schneiden. Alle vorbereiteten Zutaten mischen.

2 / Inzwischen den Backofengrill auf höchster Stufe vorheizen. Ein Backblech ölen. Die Makrele waschen, trocken tupfen und seitlich mehrmals schräg einschneiden. Den Fisch rundum salzen und pfeffern und auf dem Blech in den Ofen schieben (ca. 15 cm unter den Grillschlangen). Den Fisch von jeder Seite 7–9 Min. grillen.

3 / Die Pfefferbeeren grob mörsern. Die Chilischote längs halbieren, entkernen, waschen und in feine Ringe schneiden. Vom Zitronengras die äußeren Hüllblätter entfernen und das saftige untere Drittel fein hacken. Pfefferbeeren, Chili und Zitronengras mit Essig, den beiden Sojasaucen und dem Limettensaft zu einem Dressing verrühren.

4 / Die Erdnüsse in einer Pfanne ohne Fett goldbraun rösten und grob mörsern. Den Salat mit dem Dressing mischen und auf Teller verteilen. Den Fisch filetieren, in vier Stücke teilen, auf dem Salat anrichten und mit Erdnüssen bestreuen.

IKA MATA

MIT TOMATE

FÜR 4 PERSONEN ALS VORSPEISE
ZUBEREITUNGSZEIT: CA. 30 MIN.
MARINIERZEIT: MIND. 3 STD. + 30 MIN.
PRO PORTION CA. 185 KCAL

350 g weißfleischiges Fischfilet (z. B. Wolfsbarsch, Dorade, Snapper, Schwertfisch; Sushi-Qualität)
3 Limetten
1 Zitrone
1 Schalotte (ersatzweise kleine rote Zwiebel)
15 g Ingwer
2 Stängel Zitronengras*
3 Tomaten
3 Frühlingszwiebeln
5 Stängel Koriandergrün
2 rote Chilischoten
200 g Kokosmilch (s. S. 8 f.)
Salz

1 / Den Fisch mit einer Pinzette oder Zange von allen Gräten befreien, waschen und trocken tupfen. Das Filet in dünne Scheiben schneiden, dabei Haut und alle festen Fasern entfernen. 2 Limetten und die Zitrone auspressen.

2 / Den Fisch in einer Schüssel mit Limetten- und Zitronensaft vermischen und 3–6 Std. abgedeckt im Kühlschrank marinieren, bis er undurchsichtig weiß ist.

3 / Schalotte und Ingwer schälen und fein hacken. Vom Zitronengras die äußeren Hüllblätter entfernen und das untere Drittel fein hacken. Die Tomaten kreuzweise einritzen, mit kochendem Wasser überbrühen, häuten und halbieren. Stielansatz und Kerne entfernen und das Fruchtfleisch würfeln. Die Frühlingszwiebeln putzen, waschen und in Ringe schneiden.

4 / Den Koriander waschen und trocken schütteln. Die Blätter abzupfen und grob hacken. Die Chilischoten längs halbieren, Stielansatz und Kerne entfernen, die Schoten waschen und in feine Ringe schneiden. Alle vorbereiteten Zutaten in eine Schüssel geben. Den Fisch aus der Marinade heben und untermischen.

5 / Die Kokosmilch mit 6 EL von der Fischmarinade mischen und unterheben. Das Ika Mata mit Salz abschmecken und 30 Min. kühl stellen. Die Limette in Spalten schneiden und zum Ika Mata servieren.

Was den Südamerikanern das Ceviche, das ist den Bewohnern der Cookinseln Ika Mata: roher Fisch, der in Marinade »kalt gekocht« wird. In einem kleinen Hafenlokal auf der Hauptinsel Rarotonga wird uns die leckerste Variante, die wir je gegessen haben, mit gerösteter Brotfrucht serviert. Anderswo reicht man zum Ika Mata Möhrenraspel, gewürfelte Paprika, Gurke oder Papayaspalten.

KOKOSGARNELEN

MIT TAMARINDE

Avarua, die Hauptstadt der Cookinseln, bezaubert mit kleinen Holzhäusern und einer weißen Kirche in üppigem Tropengrün. Sogar ein kleines Museum gibt es. Die Sammlung ist allerdings ein wenig angestaubt, und so ziehen wir bald in ein Hafenlokal weiter, um Garnelen in Kokoscreme zu essen. Denn in die haben wir uns bereits verliebt.

FÜR 4 PERSONEN ALS VORSPEISE
ZUBEREITUNGSZEIT: CA. 25 MIN.
PRO PORTION CA. 305 KCAL

16 große rohe, geschälte Garnelen
1 Schalotte
15 g Ingwer
1 Knoblauchzehe
1 frische rote Chilischote
100 g Okraschoten*
10 g Koriandergrün
1 ½ EL Öl
2 TL gemahlene Kurkuma
1 TL gemahlener Kreuzkümmel
50 ml trockener Weißwein
100 g Kokoscreme (s. S. 8 f.)
2 TL Tamarindenpaste*
1 ½ EL helle Sojasauce

1 / Die Garnelen abbrausen, trocken tupfen, am Rücken einschneiden und den Darmfaden entfernen. Schalotte, Ingwer und Knoblauch schälen und fein hacken. Die Chilischote längs halbieren, entkernen, waschen und in feine Ringe schneiden. Die Okraschoten waschen, putzen, den Stiel entfernen und die Schoten in ca. 2 cm lange Stücke schneiden. Den Koriander waschen und trocken schütteln. Die Blätter abzupfen.

2 / Das Öl in einer Pfanne mit hohem Rand erhitzen. Schalotte, Ingwer, Knoblauch, Chilischote, Kurkuma und Kreuzkümmel darin bei mittlerer Hitze 2–3 Min. anrösten, bis die Gewürze duften. Okraschoten und Garnelen dazugeben und alles 2–3 Min. pfannenrühren, bis die Garnelen eine leicht rosa Farbe angenommen haben.

3 / Weißwein und Kokoscreme angießen. Alles mit Tamarindenpaste und Sojasauce würzen und unter Rühren bei kleiner Hitze 1–2 Min. köcheln lassen, bis die Garnelen gar sind. Zum Schluss die Korianderblätter unterrühren.

Ruderregatta bei Avarua: Ganze Clans räkeln sich am Strand, Kinder planschen, und aus den Lautsprechern tönen die Klänge der Ukulele. Welcher Zwölfer gewinnt, bekommen wir nicht mit, und es scheint auch nicht so wichtig zu sein wie das Picknick. Nach so viel Grillduft steht uns der Sinn nach Fleisch. Dieses Lamm kommt uns gerade recht!

LAMMFLEISCH

MIT KOKOS

FÜR 4 PERSONEN
ZUBEREITUNGSZEIT: CA. 30 MIN.
SCHMORZEIT: CA. 2 STD. 30 MIN.
PRO PORTION CA. 465 KCAL

800 g Lammfleisch (Schulter, ohne Knochen)
2 Zwiebeln
15 g Ingwer
3 Tomaten
4 Zweige frischer Majoran
1 Zweig Rosmarin
1 EL Öl
1 TL gemahlener Kreuzkümmel
1 EL Tomatenmark
125 ml trockener Rotwein
125 ml Lammfond
1 getrocknete Chilischote
5 EL frisch geriebene Kokosnuss (ersatzweise 3 EL Kokosraspel)
150 g Joghurt
Salz
Cayennepfeffer
1 EL Aceto balsamico bianco
½ Bund Koriandergrün

1 / Das Fleisch von Sehnen und Fett befreien und in mundgerechte Stücke schneiden. Zwiebeln und Ingwer schälen und fein hacken. Die Tomaten kreuzweise einritzen, mit kochendem Wasser überbrühen, häuten und halbieren. Stielansatz und Kerne entfernen und das Fruchtfleisch grob würfeln. Majoran und Rosmarin waschen und trocken schütteln.

2 / Das Öl in einer beschichteten Pfanne mit hohem Rand erhitzen und die Fleischwürfel darin portionsweise bei großer Hitze in 3–4 Min. von allen Seiten braun anbraten. Zwiebeln und Ingwer dazugeben und in 1–2 Min. goldbraun braten. Tomatenwürfel, Kreuzkümmel und Tomatenmark einrühren, Wein und Lammfond angießen. Majoran und Rosmarin in die Pfanne geben. Die Chilischote entkernen und dazubröseln. Alles bei kleiner Hitze zugedeckt ca. 2 Std. 30 Min. schmoren lassen, bis das Fleisch so weich ist, dass es sich mühelos mit einem Kochlöffel zerteilen lässt.

3 / Geriebene Kokosnuss oder Kokosraspel in einer Pfanne ohne Fett unter Rühren hellgelb rösten und 5 Min. vor Ende der Garzeit zusammen mit dem Joghurt in die Sauce rühren. Ab jetzt sollte es nicht mehr kochen, damit der Joghurt nicht ausflockt. Das Gericht mit Salz, Cayennepfeffer und Aceto balsamico bianco abschmecken. Den Koriander waschen und trocken schütteln. Die Blätter abzupfen, grob hacken und über das Lammfleisch streuen.

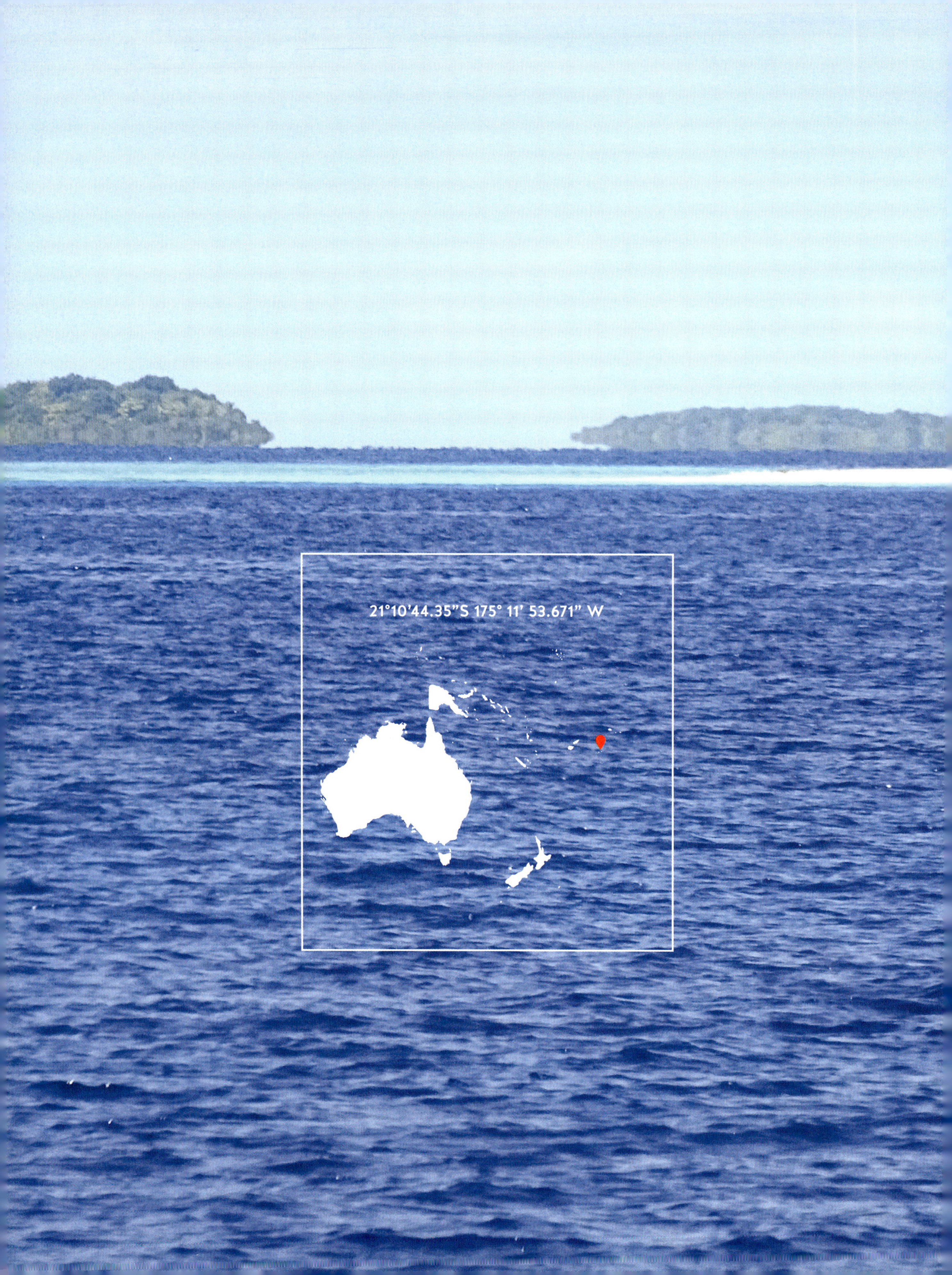
21°10'44.35"S 175° 11' 53.671" W

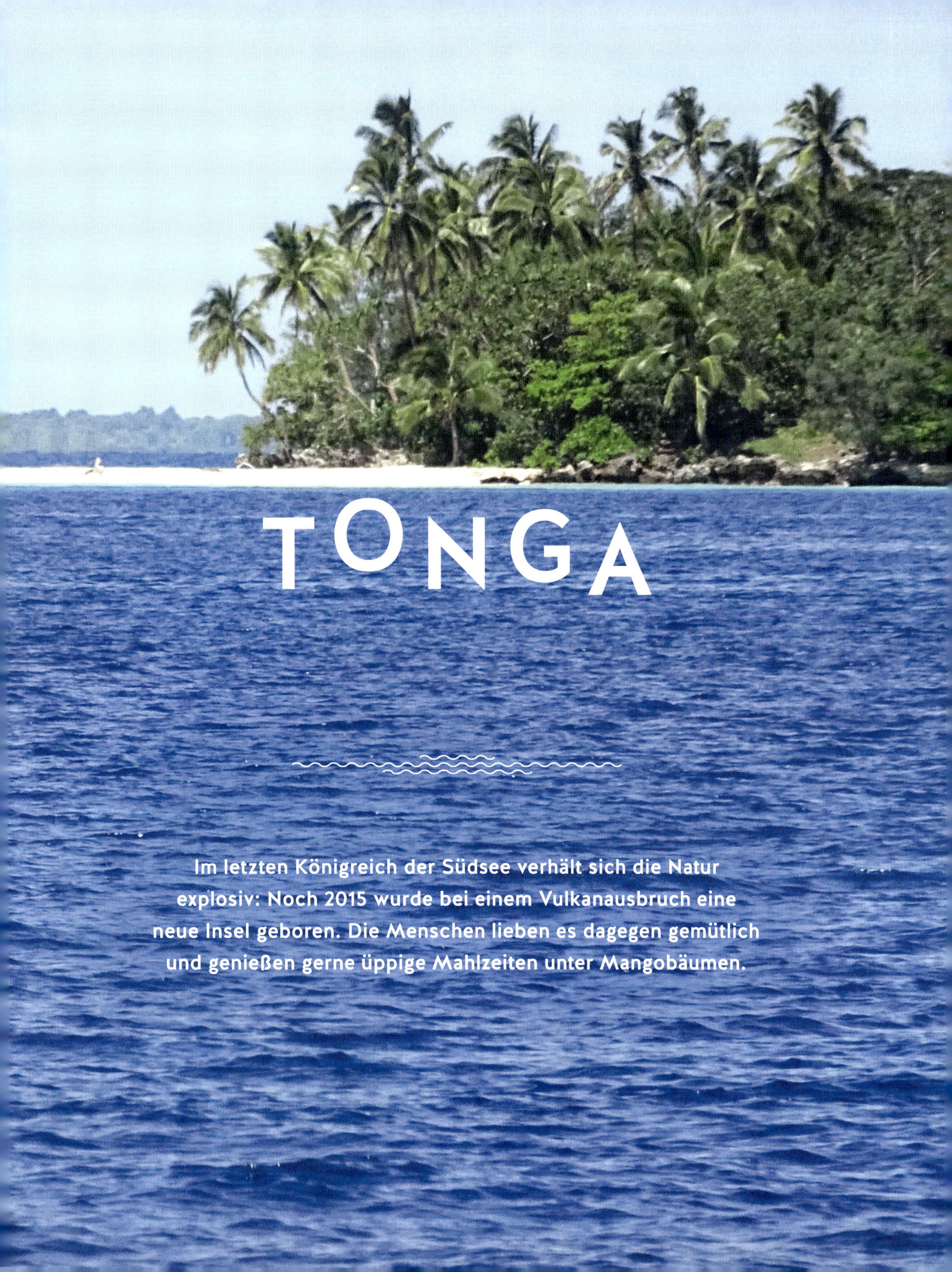

TONGA

Im letzten Königreich der Südsee verhält sich die Natur explosiv: Noch 2015 wurde bei einem Vulkanausbruch eine neue Insel geboren. Die Menschen lieben es dagegen gemütlich und genießen gerne üppige Mahlzeiten unter Mangobäumen.

Viele der Bastmatten, mit denen tongaische Männer und Frauen traditionell ihre Röcke umwickeln, sehen ein bisschen mitgenommen aus. Aber das schmälert ihren Wert keineswegs: Sie werden von Generation zu Generation weitervererbt.

In den Vorgärten der bunten Häuschen tummeln sich ganze Schweinefamilien. Sie fressen mit Vorliebe heruntergefallene Kokosnüsse und suhlen sich genüsslich im Schlamm.

FAKALEITI

DAS DRITTE GESCHLECHT

Isikeli, wie die meisten Männer hier mit Hemd und Wickelrock bekleidet, aber mit einer roten Hibiskusblüte hinter dem Ohr, steht hinter der Theke einer Bar in Nuku'alofa und mischt uns einen Cocktail. Seine Bewegungen kommen uns sehr weiblich vor, auch wenn sein Äußeres eindeutig männlich ist.

Während wir unsere Cocktails genießen, fällt uns ein Plakat auf, das für den bevorstehenden »Miss Galaxy Pageant« wirbt – eine der berühmtesten Veranstaltungen im Königreich Tonga, wie uns Isikeli erklärt. In dem mehrtägigen Schönheitswettbewerb treten die Teilnehmerinnen mit humorvollen, manchmal provokanten Shows gegeneinander an. Beurteilt werden nicht nur ihre Aufmachungen mit extravaganten Kleidern, aufwendigem Make-up und glamourösen Frisuren, sondern auch Kreativität und Talent. Die Gewinnerin darf den begehrten Titel der »Miss Galaxy« nach Hause tragen.

Aber – Teilnehmerinnen? Die Damen auf dem Plakat wirken von Größe und Statur her recht robust. Im Text finden wir den Hinweis, dass hier tongaische »Leitis« um den begehrten Titel konkurrieren. Der Begriff macht uns neugierig. Wir forschen nach und stoßen auf einen polynesischen Brauch: Werden in einer Familie keine Töchter, sondern nur Söhne geboren, weisen die Eltern oft einem oder mehreren Jungen eine Mädchenrolle zu, damit sie der Mutter im Haushalt zur Hand gehen. Diese Kinder werden dann wie Mädchen erzogen und gekleidet.

Einige dieser Jungen leben den Rollentausch auch im Erwachsenenalter weiter, obwohl sie nicht transsexuell sind. Sie bezeichnen sich als »Fakaleitis« oder kurz »Leitis«, wörtlich »wie eine Frau«, und ihr Status als drittes Geschlecht ist in der polynesischen Gesellschaft anerkannt und respektiert. Selbst die christlichen Kirchen, die hier eine so wichtige Rolle spielen, nehmen die Existenz der Leitis als gottgegeben hin. Der »Miss Galaxy«-Wettbewerb beginnt sogar mit einer katholischen Messe.

Auf einmal wird uns klar, dass wir Fakaleitis auf den polynesischen Inseln auch anderswo begegnet sind, meist als Servicepersonal in Restaurants oder Hotels. Wenig später beobachten wir auf der Insel Vava'u an einem Samstagabend mehrere Leitis, die sich schminken, frisieren und ihre Kleidung drapieren. In der einzigen Nachtbar des kleinen Hafenorts Neiafu sitzen einige in aufreizender Pose, Lippenstift auf den üppigen Lippen, und flirten. Ausschließlich mit heterosexuellen Männern übrigens. Und wieder einmal wird uns klar, wie sehr das Reisen die eigenen mitgebrachten Gedankenkategorien durcheinanderschüttelt.

AUBERGINENSALAT

AUF TROPISCHE ART

Der Sonntag ist in Tonga heilig. Erlaubt sind nur Beten, Essen und Schlafen. Während die Einheimischen den Erdofen schüren, haben wir ein Problem: Alle Restaurants beachten das Sonntagsgebot. Nur das Café im Yachtclub hat für ein paar Segler geöffnet. Zum Glück! Endlich können wir unseren Hunger mit einem erfrischenden Salat stillen.

FÜR 4 PERSONEN ALS VORSPEISE
ZUBEREITUNGSZEIT: CA. 40 MIN.
PRO PORTION CA. 80 KCAL

2 Auberginen (ca. 500 g)
1 getrocknete rote Chilischote
1 Limette
1 EL Öl
1 TL gemahlener Koriander
Salz
50 ml Geflügelfond (ersatzweise Hühnerbrühe)
2 EL Rosinen
1 Knoblauchzehe
20 g gemischte Kräuter (z. B. Estragon, Minze, glatte Petersilie)

1 / Die Auberginen putzen, schälen und in kleine Würfel schneiden. Die Chilischote entkernen und zerbröseln. Die Limette auspressen.

2 / Das Öl in einer beschichteten Pfanne erhitzen, die Auberginenwürfel dazugeben und ca. 1 Min. bei mittlerer Hitze unter Rühren braten. Die Aubergine mit Chili, Koriander und Salz würzen, mit Fond oder Brühe ablöschen und 1 EL Limettensaft zugeben. Alles zugedeckt bei kleiner Hitze ca. 15 Min. köcheln lassen, bis die Auberginenwürfel fast gar sind. Die Rosinen unterrühren und die Mischung weitere 5 Min. köcheln lassen. Vom Herd nehmen und etwas abkühlen lassen.

3 / Den Knoblauch schälen und fein hacken. Die Auberginen mit Knoblauch, Salz und weiterem Limettensaft abschmecken. Die Kräuter waschen und trocken schütteln. Die Blätter abzupfen, grob hacken und über die Auberginen streuen. Den Salat lauwarm oder kalt servieren, nach Belieben mit ein paar Scheiben Büffelmozzarella.

GARNELEN

MIT FLÜGELBOHNEN

FÜR 2 PERSONEN
ZUBEREITUNGSZEIT: CA. 30 MIN.
PRO PORTION CA. 310 KCAL

1 Knoblauchzehe
10 g Ingwer
4 Korianderwurzeln*
100 g Flügelbohnen (ersatzweise Zuckerschoten)
1 frische rote Chilischote
2 Frühlingszwiebeln
6 Stängel chinesischer Schnittlauch*
1 Stück Papaya (ca. 70 g)
250 g rohe, geschälte Garnelen
1 ½ EL Öl
1 EL pazifisches Gewürzpulver (s. S. 322)
1 EL helle Sojasauce
1 EL Austernsauce*
100 ml Geflügelfond (ersatzweise Hühnerbrühe)
2 EL Kokoscreme (s. S. 8 f.)
2 EL Limettensaft

1 / Knoblauch und Ingwer schälen und fein hacken. Die Korianderwurzeln waschen, putzen und hacken und mit Knoblauch und Ingwer im Mörser zu einer Paste verarbeiten. Die Flügelbohnen waschen, putzen und diagonal in je vier Stücke teilen (Zuckerschoten, falls verwendet, putzen und diagonal halbieren). Die Chilischote längs halbieren, entkernen, waschen und in feine Ringe schneiden.

2 / Die Frühlingszwiebeln putzen, waschen, längs in Streifen und dann in 2,5 cm lange Stücke schneiden. Den Schnittlauch waschen, trocken schütteln und in 2,5 cm lange Stücke schneiden. Die Papaya schälen, entkernen und würfeln. Die Garnelen abbrausen und trocken tupfen. Falls nötig, am Rücken einschneiden und den Darmfaden entfernen.

3 / Das Öl in einer Pfanne erhitzen und die Paste bei mittlerer Hitze anbraten, bis sie duftet. Flügelbohnen oder Zuckerschoten, Chili und Garnelen dazugeben und alles unter Rühren ca. 2 Min. braten. Das Gewürzpulver unterrühren.

4 / Sojasauce, Austernsauce, Fond oder Brühe und Kokoscreme dazugeben, aufkochen und alles 3–4 Min. bei kleiner Hitze köcheln. Frühlingszwiebeln, Schnittlauch und Papaya in die Pfanne geben und 1 Min. mitgaren. Alles mit dem Limettensaft abschmecken und sofort servieren.

China finanziert viele Projekte pazifischer Inselstaaten und sichert sich im Gegenzug unter anderem Fischereirechte, und Chinesen spielen eine wichtige Rolle im tongaischen Geschäftsleben. Das zeigt sich auch beim Essen, zum Beispiel an der Sojasauce in diesem Garnelengericht. Die dafür verwendeten Flügel- oder Goabohnen haben an den Seiten der Schoten gewellte »Flügel«. Es gibt sie bei uns in gut sortierten Asienläden.

BEEF KOVU

Unser Landeanflug auf Vava'u muss wegen heftiger Sturmböen abgebrochen werden, sodass wir unfreiwillig nach Tongatapu zurückkehren, auf die größte tongaische Insel. Im Dauerregen laufen wir hungrig durch die nächtlich menschenleere Hauptstadt Nuku'alofa. Alle Straßen haben sich in reißende Bäche verwandelt. Nach langer Suche finden wir, bis auf die Knochen durchnässt, endlich ein geöffnetes Restaurant. Dort kommentiert man das Wetter lakonisch mit den Worten: »Tropical depression«, ein tropisches Sturmtief. Als wir dieses köstliche Rindfleisch probieren, ist zumindest unsere Stimmung nicht mehr deprimiert. Beef Kovu stammt ursprünglich aus Papua-Neuguinea, und traditionell wird das Fleisch dafür in Bananenblätter gewickelt und im Erdofen gegart.

BEEF KOVU

GESCHMORTES RINDFLEISCH MIT KOCHBANANEN

- 600 g Rindfleisch (Nuss oder Hüfte)
- 2 gelbe Kochbananen (ca. 500 g, s. S. 9, ersatzweise Süßkartoffeln)
- 4 Tomaten (ca. 400 g)
- 3 Zwiebeln (ca. 200 g)
- 2 Knoblauchzehen
- 20 g Ingwer
- 2 Stängel Zitronengras*
- 3 frische rote Chilischoten
- 2 EL Öl
- 250 ml Rinderfond (ersatzweise Rinderbrühe)
- 1 Zimtstange
- 2 Sternanise
- 1 ½ TL gemahlener Kreuzkümmel
- Salz | Pfeffer
- 250 g Kokoscreme (s. S. 8 f.)
- 1 Bund Schnittlauch
- 1 Limette

FÜR 4 PERSONEN
ZUBEREITUNGSZEIT: CA. 35 MIN.
GARZEIT: CA. 2 STD.
PRO PORTION CA. 945 KCAL

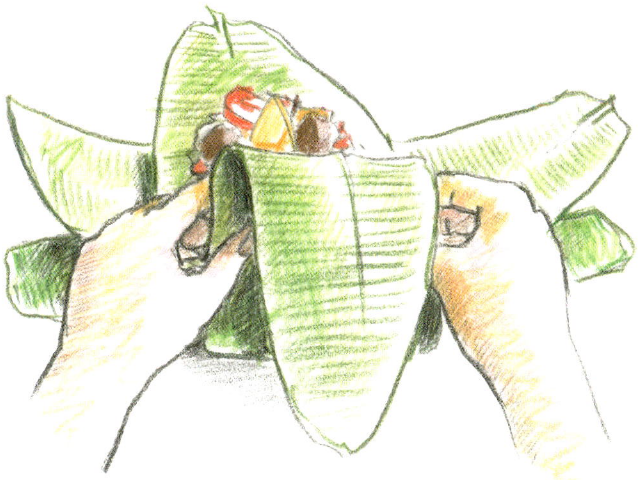

Wer das Beef Kovu auf traditionelle Weise garen möchte, kann es in Bananenblätter aus dem Asienladen einwickeln und so im Ofen backen.

1 / Das Rindfleisch von Sehnen und Fett befreien und in ca. 3 cm große Würfel schneiden. Die Kochbananen schälen und in ca. 1,5 cm dicke Scheiben schneiden. Die Tomaten kreuzweise einritzen, mit kochendem Wasser überbrühen, häuten und halbieren. Stielansatz und Kerne entfernen und das Fruchtfleisch grob würfeln.

2 / Die Zwiebeln schälen und in Ringe schneiden. Den Knoblauch schälen und fein hacken. Den Ingwer schälen und in feine Scheiben schneiden. Vom Zitronengras die äußeren Hüllblätter entfernen und die Stängel mit dem Messerrücken kräftig aufklopfen. Die Chilischoten längs halbieren, Stielansatz und Kerne entfernen, die Schoten waschen und in feine Ringe schneiden. Den Backofen auf 200° vorheizen.

3 / In einer beschichteten Pfanne das Öl erhitzen und das Fleisch darin portionsweise bei großer Hitze in 3–4 Min. von allen Seiten anbraten und in eine Schüssel umfüllen. Fond oder Brühe in die Pfanne geben und den Bratensatz unter Rühren loskochen. Die Pfanne zur Seite stellen.

4 / Die Zwiebelringe in eine ofenfeste Form mit Deckel geben und das Fleisch darauf verteilen. Zimtstange, Sternanise, Zitronengras, Chilischoten, Ingwer und Knoblauch dazugeben. Alles mit Kreuzkümmel und Salz würzen. Die Kochbananenstücke über das Fleisch schichten. Den gelösten Bratensatz zusammen mit der Kokoscreme darübergießen. Zuletzt die Tomatenwürfel darauf verteilen und den Deckel schließen.

5 / Alles im Backofen (Mitte) zunächst 10 Min. bei 200° erhitzen, dann auf 180° herunterschalten und ca. 2 Std. garen, bis das Fleisch mürbe ist. Kurz vor Ende der Garzeit den Schnittlauch waschen, trocken schütteln und in Röllchen schneiden. Die Limette in Spalten schneiden. Das Zitronengras entfernen, das Beef Kovu mit Salz und Pfeffer abschmecken, mit Schnittlauch bestreuen und mit Limettenspalten servieren.

FISCH IN KOKOSCREME

MIT GEMÜSE UND DILL

Jedes Mal, wenn wir dieses Gericht in dem kleinen Lokal auf Vava'u essen, wird es anders serviert: mal in einer halben Kokosnuss, mal in einer Papaya. Ich habe dafür Schlangenbohnen verwendet, eine bis zu 75 Zentimeter lange Version unserer grünen Bohnen. Mit denen funktioniert es aber auch.

1 Zwiebel
1 Knoblauchzehe
10 g Galgant*
4 Schlangenbohnen (Asienladen, ersatzweise 100 g grüne Bohnen)
2 Tomaten
2 frische rote Chilischoten
1 ½ EL ungeröstete Erdnusskerne (Asienladen)
½ Bund Dill
300 g weißfleischiges Fischfilet (z. B. Kabeljau-Loins)
1 ½ EL Öl
80 ml Geflügelfond (ersatzweise Hühnerbrühe)
100 g Kokoscreme (s. S. 8 f.)
1 EL helle Sojasauce
2 EL Limettensaft
1 Prise brauner Zucker
Salz

1 / Zwiebel schälen und würfeln. Knoblauch und Galgant schälen und fein hacken. Bohnen waschen, putzen und in ca. 2 cm lange Stücke schneiden. Tomaten einritzen, überbrühen, häuten und ohne Stielansatz und Kerne grob würfeln.

2 / Die Chilischoten längs halbieren, Stielansatz und Kerne entfernen, die Schoten waschen und in feine Ringe schneiden. Die Erdnüsse in einer Pfanne ohne Fett goldgelb rösten und im Mörser grob zerkleinern. Den Dill waschen und trocken schütteln. Die Spitzen abzupfen und hacken. Den Fisch waschen, trocken tupfen und in mundgerechte Würfel schneiden.

3 / Das Öl in einer beschichteten Pfanne erhitzen. Zwiebel, Knoblauch, Galgant und Schlangenbohnen darin unter Rühren bei mittlerer Hitze 2–3 Min. braten, bis die Zwiebel glasig ist. Tomaten, Fond oder Brühe, Kokoscreme und Sojasauce dazugeben und alles unter Rühren ca. 2 Min. köcheln lassen. Fisch und Chili in die Sauce geben und den Fisch in 4–6 Min. bei kleiner Hitze gar ziehen lassen. Die Sauce mit Limettensaft, Zucker und Salz abschmecken und den Fisch zum Servieren mit Erdnüssen und Dill bestreuen.

FÜR 2 PERSONEN

ZUBEREITUNGSZEIT: CA. 25 MIN.

PRO PORTION CA. 665 KCAL

Mit einer Segelyacht erkunden wir den Archipel Vava'u. Es hieß, in den Restaurants der vielen kleinen Inseln gebe es traditionelle Küche. Leider geht der Plan nicht auf: Geöffnet sind sie nur in der Touristensaison, wenn die Wale im hiesigen glasklaren Wasser kalben. Schade! Also improvisieren wir in der Bootskombüse.

BANDNUDELN VAVA'U

MIT GARNELEN UND OLIVEN

FÜR 2 PERSONEN
ZUBEREITUNGSZEIT: CA. 30 MIN.
PRO PORTION CA. 645 KCAL

1 Schalotte
10 g Ingwer
1 Knoblauchzehe
2 Tomaten
250 g rohe, geschälte Garnelen
10 entsteinte schwarze Oliven
4 Stängel Koriandergrün
200 g frische Bandnudeln (Kühlregal oder selbst gemacht)
Salz
1 EL Öl
75 ml Geflügelfond (ersatzweise Hühnerbrühe)
1 getrocknete Chilischote
3 EL Kokosmilch (s. S. 8 f.)
1 EL Limettensaft
Pfeffer

1 / Die Schalotte schälen und würfeln. Ingwer und Knoblauch schälen und fein hacken. Die Tomaten kreuzweise einritzen, mit kochendem Wasser überbrühen, häuten und halbieren. Stielansatz und Kerne entfernen, das Fruchtfleisch grob würfeln. Die Garnelen abbrausen und trocken tupfen. Falls nötig, am Rücken einschneiden und den Darmfaden entfernen. Die Oliven in Scheiben schneiden. Den Koriander waschen, trocken schütteln und die Blätter grob hacken.

2 / Die Nudeln nach Packungsanweisung in reichlich Salzwasser gar kochen, abgießen, abtropfen lassen und zugedeckt warm halten.

3 / Inzwischen in einer beschichteten Pfanne das Öl erhitzen, Schalotte, Ingwer und Knoblauch darin bei mittlerer Hitze 2–3 Min. anbraten. Alles mit Fond oder Brühe ablöschen und die Tomatenwürfel dazugeben. Die Chili entkernen und zu den Tomaten bröseln. Die Flüssigkeit bei großer Hitze 2–3 Min. einkochen lassen. Die Kokosmilch einrühren und die Sauce in weiteren 1–2 Min. leicht sämig einköcheln.

4 / Die Sauce mit Limettensaft, Salz und Pfeffer abschmecken. Olivenscheiben und Garnelen zugeben und die Garnelen bei mittlerer Hitze in 3–4 Min. gar ziehen lassen. Die Garnelen mit Koriander bestreut zu den Nudeln servieren. Dazu schmeckt ein grüner Salat.

GERÖSTETE BANANEN

MIT KARDAMOM-ZITRUS-SAUCE

Fünf Bananensorten lernen wir in Tonga kennen. »Siane« entspricht der uns bekannten Banane, während »Hopa« und »Pata« Kochbananen sind. Davon, die unansehnlich schwarzen Exemplare der Sorten »Mamae« und »Misipeka« zu probieren, überzeugt uns unsere Gastgeberin Sarlotte. Zum Glück! Sie schmecken wunderbar süß und aromatisch.

FÜR 4 PERSONEN
ZUBEREITUNGSZEIT: CA. 15 MIN.
PRO PORTION CA. 150 KCAL

250 ml Orangensaft
2 EL Limettensaft
10 g Ingwer
4 Kardamomkapseln
2 EL gemischte Nusskerne
4 Mini-Bananen
2 EL Butter

1 / Orangen- und Limettensaft mischen. Den Ingwer schälen und in dünne Scheiben schneiden. Die Saftmischung mit Ingwer und Kardamom in einem Topf zum Kochen bringen und bei kleiner bis mittlerer Hitze offen sirupartig einkochen. Das dauert ca. 10 Min. Die Zitrussauce durch ein feines Sieb gießen und warm halten.

2 / In der Zwischenzeit die Nussmischung in einer Pfanne ohne Fett rösten, bis die Nüsse duften, und im Mörser grob zerkleinern. Die Bananen schälen und längs halbieren. Die Butter in einer Pfanne schmelzen lassen und die Bananen darin bei mittlerer Hitze in 3–4 Min. goldbraun braten.

3 / Die Bananen auf Teller verteilen, mit der Zitrussauce begießen und mit den Nüssen bestreuen.

LEBENSFROH

Die Friedhöfe in der Südsee beeindrucken uns mit ihrer Farbenpracht. Die steinernen Grabplatten werden mit Tüchern und Blumen geschmückt und regelmäßig frisch gestrichen, und die meisten dieser stillen Haine sind so angelegt, dass sie Meerblick haben. An solchen Orten trifft man sich gerne, um an die Toten zu denken.

13° 45' 32.504" S 172° 6' 16.664" W

SAMOA

Samoa gilt als Wiege der polynesischen Kultur, die dort traditionell hochgehalten wird. Neben der wunderschönen Natur mit langen weißen Stränden, Bergen und üppigem Grün bezaubern auch die Herzlichkeit der Bewohner und die köstlichen Speisen.

Zwischen ihrem Obst und Gemüse machen es sich die Marktfrauen selbst auf den Tischen bequem.

Im Meer baden? Für die Bewohner der Südsee heißt das: vollständig bekleidet ins Wasser gehen.

FA'A SAMOA

LEBEN OHNE STRESS UND WÄNDE

Der erste Eindruck von Samoa ist wirklich paradiesisch: Exotische Blüten verströmen ihren Duft in der Nacht. Durch die geöffneten Wagenfenster dringen Stimmen, Lachen und die Melodie eines polynesischen Liedes zu uns hinein.

In den Dörfern, die wir passieren, geht es gesellig zu - was wir auch im Vorbeifahren gut erkennen können, denn Fales, die traditionellen Häuser, haben keine Wände. Männer und Frauen liegen oder sitzen in den offenen Pavillons auf dem Boden. Möbelstücke gibt es kaum: hier mal eine Truhe, da ein prunkvolles, aber offenbar ungenutztes Bett.
In den Vorgärten liegen unter Palmen die Gräber der Verstorbenen, umrankt von Hibiskus, Frangipani und Gardenien. Zwei Jungen spielen auf einem der steinernen Grabdeckel mit einem Ferkel. Wie ein Traum ziehen diese Bilder an den Autofenstern vorbei, bis die ersten Lichter der Hauptstadt Apia auftauchen und die Häuser dann doch wieder Wände bekommen.
In den kommenden Wochen versuchen wir, dem hiesigen Lebensstil auf den Grund zu gehen, dem Fa'a Samoa, wie ihn die Samoaner selbst nennen. Einerseits beeindruckt uns, wie entspannt die Insulaner durch den Tag gehen. Andererseits haben wir die Worte des Kulturanthropologen Christoph

Antweiler im Ohr: »Die Südsee ist der richtige Ort für falsche Vorstellungen.«

Was ist also dran am Fa'a Samoa? Wir erkundigen uns bei Tosi, der Empfangsdame in unserem Hotel, die mehrere Jahre in Neuseeland verbracht hat und daher beide Seiten kennt. Sie erklärt: »Wir leben hier in einem ständigen Geben, Nehmen und Teilen. Jeder ist Teil einer Großfamilie, die einen Häuptling als Oberhaupt hat. Dieser Matai organisiert den Alltag für alle. Das ist auf der einen Seite sehr schön: Man ist nie einsam, und ich weiß, dass ich versorgt bin, auch wenn ich alt oder krank werde.«

Aber es gibt auch eine Kehrseite, räumt Tosi ein. Denn alle müssen sich den Entscheidungen des Matai beugen. Er bestimmt, welche Ausbildung gemacht wird und wer wen heiratet. »Das macht es besonders für die von uns schwierig, die im Ausland leben. Dort müssen wir uns ohne den Rückhalt der Familie als Individuen behaupten. Andererseits wird trotzdem erwartet, dass wir dem Matai gehorchen und Geld schicken. An diesem Widerspruch zerbrechen einige.«

Ein Paradies? All die Generationen von Sinnsuchern, die enttäuscht von der westlichen Zivilisation in die Südsee flohen, haben diese Kehrseite der Medaille wohl geflissentlich ignoriert. Wir behalten sie im Hinterkopf, genießen unsere Zeit auf Samoa – und widerstehen der Versuchung, vom Hierbleiben zu träumen.

»It’s paradise«, so beschreiben uns die Bewohner von Savai’i ihre Insel. Entsprechend entspannt räkeln sie sich auf Bodenmatten in ihrer Fale oder baden im Meer. Sie wissen, dass die Natur ihre Tafel auch so reichhaltig genug decken wird. Die Gärten liefern Früchte und Gemüse, das Meer Fisch und Muscheln, und um die Häuser herum picken Hühner und grunzen Schweine, die sich selbst versorgen. Auch wir lassen entspannt die Tage verstreichen, spazieren über weißen Sand und halten die Füße ins Wasser. Jedenfalls bis wir der nächsten kulinarischen Verführung nachgeben!

GEDÜNSTETE MUSCHELN

SAMOANISCH

FÜR 4 PERSONEN ALS VORSPEISE
ZUBEREITUNGSZEIT: CA. 40 MIN.
PRO PORTION CA. 125 KCAL

1 TL Anissamen
1 TL Fenchelsamen
1 TL Kreuzkümmelsamen
3 Tomaten
1 kg Muscheln (Herzmuscheln oder Miesmuscheln)
1 rote Zwiebel
1 Knoblauchzehe
20 g Ingwer
1 Stängel Zitronengras*
1 Möhre
2 Stangen Staudensellerie
1 frische rote Chilischote
2 Korianderwurzeln*
1 EL Öl
150 ml trockener Weißwein
10 g Koriandergrün
Salz | Pfeffer

1 / Anis, Fenchel und Kreuzkümmel in einer Pfanne ohne Fett anrösten, bis sie duften, dann mörsern oder in der Gewürzmühle mahlen. Die Tomaten einritzen, überbrühen, häuten und ohne Stielansatz und Kerne grob würfeln. Die Muscheln mehrfach waschen, dabei ggf. Bärte entfernen. Offene und beschädigte Exemplare aussortieren.

2 / Zwiebel, Knoblauch und Ingwer schälen und fein hacken. Vom Zitronengras die Hüllblätter entfernen und das saftige untere Drittel fein hacken. Die Möhre putzen, schälen und klein würfeln. Den Sellerie waschen, putzen und in feine Scheiben schneiden. Die Chilischote halbieren, entkernen, waschen und in feine Ringe schneiden. Die Korianderwurzeln waschen, putzen und hacken. Das Koriandergrün waschen, trocken schütteln und die Blätter grob hacken.

3 / Das Öl in einem weiten Topf erhitzen. Zwiebel, Knoblauch, Zitronengras, Möhre, Sellerie, Ingwer, Chili und Korianderwurzeln darin bei mittlerer Hitze unter Rühren 3–4 Min. anbraten. Gewürzmischung, Tomatenwürfel und Weißwein dazugeben und zugedeckt ca. 4 Min. köcheln lassen. Die Muscheln dazugeben, einmal umrühren und zugedeckt 2–3 Min. köcheln lassen, bis sie sich geöffnet haben.

4 / Geschlossene Exemplare aussortieren. Den Sud mit Salz und Pfeffer abschmecken und die Muscheln mit Koriandergrün bestreut servieren.

MELONEN-GAZPACHO

SAMOANISCH

FÜR 4 PERSONEN
ZUBEREITUNGSZEIT: CA. 30 MIN.
KÜHLZEIT: MIND. 4 STD.
PRO PORTION CA. 405 KCAL

2 Mini-Salatgurken
2 Tomaten
1 rote Paprika
1 rote Zwiebel
¼ mittelgroße Ananas (ca. 350 g)
2 frische rote Chilischoten
20 g Ingwer
20 g Minze
20 g Koriandergrün
30 g Basilikum
1 TL gemahlener Kreuzkümmel
2 EL Olivenöl
Salz | Pfeffer
1 Stück Wassermelone (ca. 800 g)
5 EL Limettensaft
1 TL gemahlener Anis
250 g Büffelmozzarella (2 Kugeln)

1 / Die Gurken putzen, schälen, längs halbieren und die Samen mit einem Teelöffel herauskratzen. Die Tomaten kreuzweise einritzen, mit kochendem Wasser überbrühen, häuten und halbieren. Stielansatz und Kerne entfernen. Die Paprika mit dem Sparschäler schälen, halbieren, weiße Trennwände und Kerne entfernen und die Hälften waschen. Die Zwiebel schälen. Die Ananas schälen und den Strunk entfernen. Das vorbereitete Gemüse und die Ananas ca. 5 mm groß würfeln.

2 / Die Chilischoten halbieren, entkernen, waschen und in feine Ringe schneiden. Den Ingwer schälen und fein hacken. Minze, Koriander und Basilikum waschen und trocken schütteln. Die Blätter abzupfen. 8 Basilikumblätter für die Garnitur beiseitelegen, die übrigen hacken. Alle Zutaten mit dem Kreuzkümmel und 1 EL Olivenöl mischen, salzen und pfeffern.

3 / Das Fleisch der Melone aus der Schale lösen und die Kerne entfernen. Das Fruchtfleisch in Stücke schneiden und mit dem Pürierstab pürieren. Den übrigen EL Olivenöl, 4 EL Limettensaft und Anis unterrühren und die Suppe mit Limettensaft und Salz abschmecken. Gemüsemischung und Suppe abgedeckt mind. 4 Std. kalt stellen.

4 / Den Mozzarella in Scheiben schneiden. Das Gemüse auf vier Teller verteilen, mit dem Mozzarella belegen und die Melonensuppe angießen. Die Basilikumblätter in Streifen schneiden und über die Suppe streuen.

Früchte tauchen in Polynesien häufig in herzhaften Gerichten auf. Nichts Ungewöhnliches also, dass hier Wassermelone mit Salz abgeschmeckt und mit Gemüse kombiniert wird. Eisgekühlt serviert, schmeckt die Suppe als Vorspeise oder als leichtes Gericht für heiße Sommernächte.

FISCH MIT ANANAS

Die Datumsgrenze kann auf den samoanischen Inseln zu kuriosen Situationen führen. Dreißig Minuten Flug von Western Samoa nach American Samoa, und wir sind wieder im Gestern angekommen. Diese Verwirrung verarbeitet man am besten bei einem geruhsamen Essen! Perfekt dafür ist Fisch, der auf Samoa gerne zusammen mit Gemüse und Kokos in Bananenblätter gewickelt und im Erdofen gegart wird. Die Kokoscreme wird dafür immer frisch hergestellt; schließlich bildet sie das Rückgrat der samoanischen Küche. In einem Restaurant entdecken wir eine italienisch angehauchte Version, die uns gut gefällt. Dazu gibt es Taro oder Yuca (s. S. 9), in Kokosmilch gegart, und gebratenes Gemüse wie zum Beispiel Okraschoten. Traditionell wird für das Gericht Mahi Mahi, die Goldmakrele, verwendet.

FISCH

MIT ANANAS UND OLIVEN

FÜR 4 PERSONEN
ZUBEREITUNGSZEIT: CA. 40 MIN.
PRO PORTION CA. 330 KCAL

3 getrocknete Chilischoten
1 EL Anissamen
1 EL Kreuzkümmelsamen
1 EL Korianderkörner
1 EL Fenchelsamen
1 rote Zwiebel
2 Knoblauchzehen
15 g Ingwer
1 Stängel Zitronengras*
Salz
3 Eiertomaten
1 Prise Zucker
¼ Ananas (ca. 350 g)
10 entsteinte schwarze Oliven
600 g weißfleischiges Fischfilet (z. B. Kabeljau-Loins, Heilbutt oder Zackenbarsch)
1 EL Öl
100 ml cremige Kokosmilch (s. S. 8 f.)
3 TL Kapern in Lake
3 Stängel Dill
1 EL frisch geriebene Kokosnuss (ersatzweise Kokosraspel)
Pfeffer

1 / Die Chilischoten entkernen, zerbröseln und mit Anis, Kreuzkümmel, Koriander und Fenchel in einer Pfanne ohne Fett anrösten, bis die Gewürze duften. Die Gewürzmischung in einer Gewürzmühle oder im Mörser zerkleinern.

2 / Die Zwiebel schälen und würfeln. Knoblauch und Ingwer schälen und fein hacken. Vom Zitronengras die äußeren Hüllblätter entfernen und das saftige untere Drittel fein hacken. Zwiebel, Knoblauch, Ingwer und Zitronengras mit dem Pürierstab zu einer glatten Paste verarbeiten. 1 TL Salz und die Gewürzmischung einarbeiten.

3 / Die Tomaten kreuzweise einritzen, mit kochendem Wasser überbrühen, häuten und halbieren. Stielansatz entfernen, Kerne herauskratzen und mit Zucker verrührt 10 Min. beiseitestellen. Das Fruchtfleisch grob würfeln. Die Tomatenkerne durch ein Sieb streichen, die Flüssigkeit auffangen und die Kerne wegwerfen.

4 / Die Ananas schälen und in kleine Stücke schneiden. Die Oliven in Scheiben schneiden. Den Fisch waschen, trocken tupfen und nach Belieben in mundgerechte Würfel oder in vier Portionsfilets schneiden.

5 / In einer beschichteten Pfanne das Öl erhitzen und die Paste bei mittlerer Hitze 2–3 Min. anbraten, bis sie leicht gebräunt ist. 2 EL Kokosmilch unterrühren. Tomatenwürfel, Tomatenflüssigkeit und den Rest der Kokosmilch in die Pfanne geben und alles bei mittlerer Hitze in 4–5 Min. sämig einköcheln lassen.

6 / Ananas, Oliven und Kapern in die Sauce geben und alles weitere 3 Min. köcheln lassen. Den Fisch in der Sauce bei kleiner Hitze zugedeckt gar ziehen lassen: Fischwürfel in ca. 5 Min., Portionsfilets in ca. 10 Min.

7 / Inzwischen den Dill waschen und trocken schütteln. Die Spitzen abzupfen und hacken. Geriebene Kokosnuss oder Kokosraspel in einer Pfanne ohne Fett in 3–4 Min. goldbraun rösten. Dill und Kokos zum Fisch geben und unterheben, alles noch einmal mit Salz und Pfeffer abschmecken und servieren.

KOCHBANANENSALAT

MIT GRÜNEN BOHNEN

FÜR 4 PERSONEN
ZUBEREITUNGSZEIT: CA. 25 MIN.
GARZEIT: CA. 30 MIN.
RUHEZEIT: CA. 30 MIN.
PRO PORTION CA. 325 KCAL

3 gelbe bis gelbschwarze Kochbananen (ca. 750 g, s. S. 9)
2 ½ EL Weißweinessig
250 g Keniabohnen (ersatzweise grüne Bohnen)
Salz
10 Kirschtomaten
8 entsteinte schwarze Oliven
3 Frühlingszwiebeln
1 frische rote Chilischote (fingerlang)
30 g Koriandergrün
1 Knoblauchzehe
2 Sardellenfilets (in Öl)
4 EL Limettensaft
3 EL Olivenöl
Pfeffer
1 EL Kapern (in Lake)

1 / Den Stiel der Kochbananen abschneiden. Die Bananen in einem großen Topf mit reichlich Wasser bedecken, 1 EL Essig dazugeben und das Wasser aufkochen. Die Bananen in der Schale zugedeckt bei kleiner Hitze 20–30 Min. köcheln lassen. Sie sind gar, wenn die Schale aufplatzt. Die Bananen aus dem Wasser nehmen und abkühlen lassen.

2 / Die Bohnen waschen, putzen, halbieren und in reichlich kochendem Salzwasser in 3–5 Min. bissfest kochen. Abgießen, kalt abschrecken und gut abtropfen lassen. Die Kirschtomaten waschen und vierteln. Die Oliven in Scheiben schneiden. Die Frühlingszwiebeln putzen, waschen und in Ringe schneiden. Die Chilischote längs halbieren, entkernen, waschen und in feine Ringe schneiden. Den Koriander waschen, trocken schütteln und die Blätter hacken.

3 / Die Bananen schälen, in ca. 5 mm dicke Scheiben schneiden und in einer Schüssel mit den übrigen vorbereiteten Zutaten mischen. Den Knoblauch schälen und fein hacken. Die Sardellenfilets abspülen, trocken tupfen und ebenfalls fein hacken. Knoblauch und Sardellen mit Limettensaft, den übrigen 1 ½ EL Weißweinessig und Olivenöl zu einer Vinaigrette verrühren, mit Salz und Pfeffer abschmecken und mit den Kapern unter den Salat heben. Alles ca. 30 Min. bei Zimmertemperatur durchziehen lassen, dabei gelegentlich umrühren. Den Salat kurz vor dem Servieren noch einmal mit Salz und Pfeffer abschmecken.

Hinter dem Naturhafen von Pago Pago, der Hauptstadt von Amerikanisch-Samoa, erhebt sich der Rainmaker Mountain. Dieser zuckerhutartige Berg trägt seinen Namen zu Recht: Mehrmals täglich stauen sich an seinen Hängen Regenwolken, die prompt ihre Schleusen öffnen. Wir überbrücken den nächsten Schauer mit diesem köstlichen Salat.

PALUSAMI

AUS MANGOLD

Traditionell kommen für dieses im Erdofen gegarte Gericht drei verschiedene Blattsorten zum Einsatz: Junge Taroblätter werden mit Kokoscreme gefüllt und vorsichtig verschlossen. Dieses Päckchen wird in ein Bananenblatt gehüllt und zum Schluss kunstvoll in das vielfingrig gespreizte Blatt des Brotfruchtbaumes geflochten. Unsere Version ist also allenfalls eine Annäherung – aber eine köstliche!

FÜR 4 PERSONEN
ZUBEREITUNGSZEIT: CA. 25 MIN.
PRO PORTION CA. 85 KCAL

1 Zwiebel
2 Knoblauchzehen
10 g Ingwer
600 g Mangold (ersatzweise Spinat)
50 g Ananasfruchtfleisch
1 frische rote Chilischote
1 EL Öl
1 EL pazifisches Gewürzpulver (s. S. 322)
1 ½ EL Kokoscreme (s. S. 8 f.)
1 ½ EL Limettensaft
Salz | Pfeffer

1 / Zwiebel, Knoblauch und Ingwer schälen und fein hacken. Den Mangold waschen, putzen, die Blätter in Streifen und die Stiele in ca. 2,5 cm lange Stücke schneiden. Sehr kleine, zarte Stiele können nach Belieben ganz bleiben. (Spinat waschen, putzen und große Blätter grob zerrupfen.) Die Ananas fein würfeln. Die Chilischote längs halbieren, entkernen, waschen und in feine Ringe schneiden.

2 / Das Öl in einer Pfanne erhitzen und Zwiebel, Knoblauch und Ingwer darin bei mittlerer Hitze 2–3 Min. anschwitzen, bis die Zwiebel glasig ist. Ananas und Gewürzpulver und Mangoldstiele dazugeben und alles 1–2 Min. pfannenrühren.

3 / Die Mangoldblätter (oder den Spinat) mit Kokoscreme, Limettensaft und Chili dazugeben und alles unter Rühren 1–3 Min. köcheln lassen, bis die Blätter zusammengefallen sind. Das Gemüse mit Salz und Pfeffer abschmecken.

ALLTÄGLICH

Aufbrechen, raspeln, ausdrücken: die wichtigsten Küchenhandgriffe, denn Kokoscreme – Pe'epe'e – gehört beim Kochen in Samoa immer dazu. Die Reste des Kokosfleischs bekommen die Hühner, die dann ihrerseits zu gegebener Zeit in Kokoscreme gegart werden.

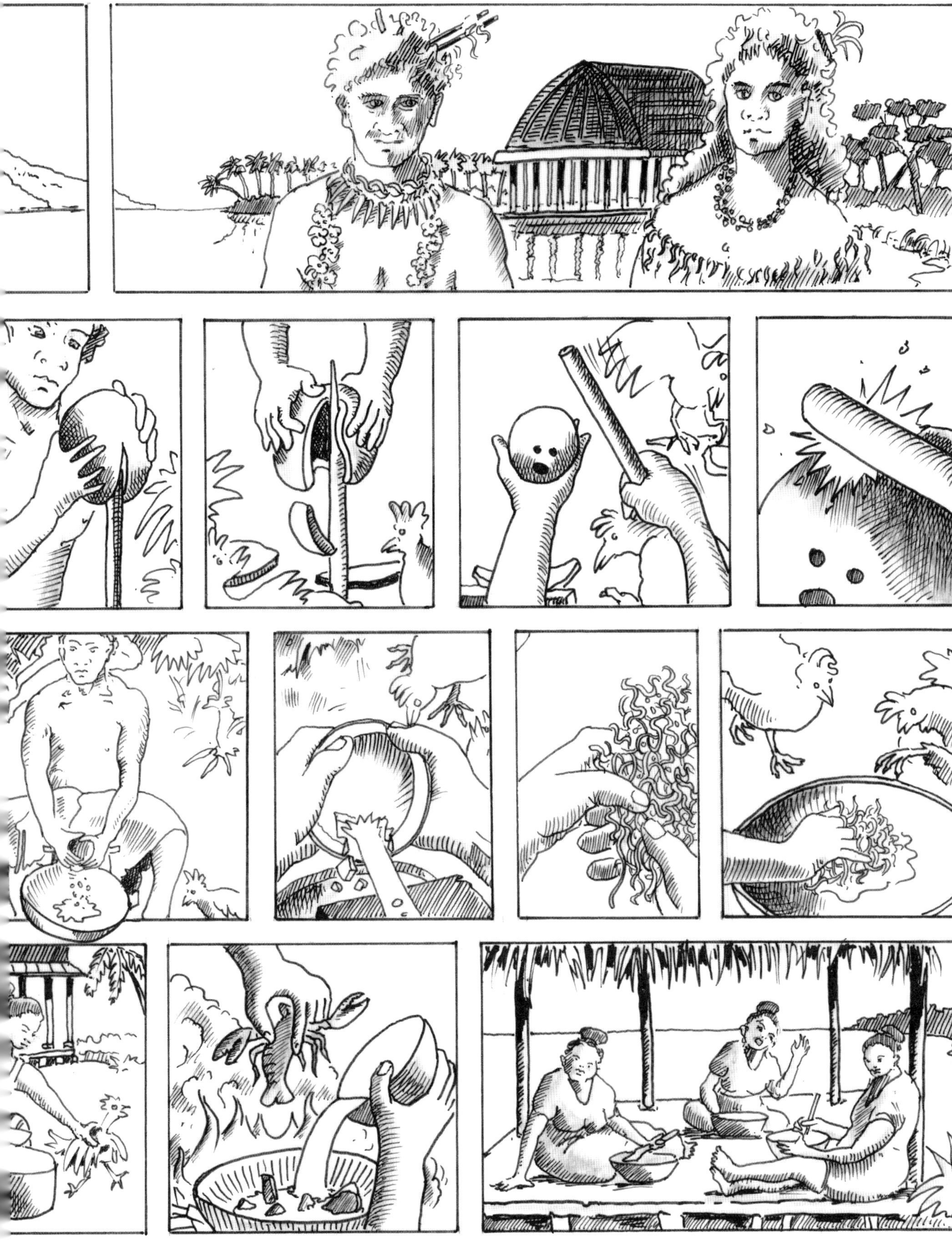

33° 52‘ 7.751“ S 151° 12‘ 33.463“ E
41° 17‘ 11.257“ S 174° 46‘ 34.449“ E

AUSTRALIEN UND NEUSEELAND

Nicht nur die einzigartigen Landschaften liefern reichlich gute Gründe, sich »down under« umzusehen. In den Metropolen spielt sich ein aufregendes Kulturleben ab, und es ist eine enorm kreative Restaurantszene entstanden. Nicht zuletzt erreichen viele der hier produzierten Weine Spitzenniveau.

Kaum zu glauben: Offizielle Amtssprache in Neuseeland ist nicht Englisch, sondern Te Reo Maori, die Sprache der Ureinwohner. Da Englisch aber von ca. 96 Prozent der Bevölkerung gesprochen wird, kommt man damit de facto überall weiter.

Australiens Fläche ist so groß, dass Deutschland 25-mal hineinpassen würde. Dazu leben fast 90 Prozent der Bevölkerung in den Küstenregionen. Viel Platz also für einsame Landstriche und unberührte Natur!

GAME FISHING IN TUTUKAKA

AUF DER JAGD NACH FISCHREKORDEN

Madonna hat unsere Pläne durchkreuzt: Wegen ihres Konzerts finden wir in Auckland partout kein Hotel. Also weichen wir nach Tutukaka aus, in ein kleines Städtchen an der Ostküste. Viel erwarten wir nicht: Bisher hat uns zwar die Natur in dieser Gegend beeindruckt, die kulinarische Landschaft allerdings weniger, und nach achtzehn Uhr kann es hier ganz schön still sein.

Zumindest der Ausblick von unserem Bed & Breakfast hält, was wir uns davon versprochen haben. Von dem Hügel aus schweift der Blick über die grün bewachsenen Kegel erloschener Vulkane bis hin zur Küste. Dorthin wollen wir jetzt. Unsere Gastgeberin Suzy stattet uns mit Taschenlampen aus, bevor wir durch den dichten Wald in Richtung Ortszentrum aufbrechen.

Am idyllischen Hafen von Tutukaka schaukeln Fischerboote und Segelyachten geruhsam auf den Wellen. Aufregung herrscht nur am »Whangarei Deep Sea Anglers Club«: Die zurückgekehrten Hochseeangler, meist raubeinige Burschen, schleppen die Beute ihres Tages heran. Wir mischen uns unter die Schaulustigen und beobachten, wie die Fische direkt am Hafenbecken gewogen werden. Ein riesiger Marlin, Yellowtail oder Mahi-Mahi nach dem anderen wird an der Hängewaage hochgezogen. Die Tafel daneben füllt sich mit den Daten der Fänge, und für besondere Rekorde nehmen die Angler zufrieden lächelnd Zertifikate entgegen.

Die Stimmung steigt, aus dem Zapfhahn fließt ununterbrochen Bier, und wir erkämpfen uns einen Platz an der Bar des Clubs. Von einem der Mitglieder erfahren wir, dass der WDSAC der älteste Club Neuseelands ist und einer der hiesigen Angler sogar einen Weltrekord hält: mit einem gestreiften Marlin von 224 Kilo. Hochseeangeln scheint hier ein sehr beliebter Sport zu sein – so beliebt, dass bei bestimmten Fischarten »Catch and Release« praktiziert wird: Der Fisch bleibt am Leben und wird wieder freigelassen. Allerdings erst, nachdem der Captain und ein weiterer Zeuge den Fang testiert haben.

Hungrig geworden von all den Fischgesprächen um uns herum, wechseln wir in das Restaurant nebenan. Nach kurzer Zeit steht eine große Schüssel köstlicher Grünlipp-Muscheln in einer Kokos-Curry-Sauce vor uns auf dem Tisch. Diese handgroßen, grün schimmernden Meeresfrüchte erinnern an Miesmuscheln, aber es gibt sie nur in den Gewässern um Neuseeland. Uns schmecken sie außerordentlich gut.

Als wir unseren Aufstieg nach Hause beginnen, ist es schon ziemlich spät. Im Yachtclub wird noch immer gefeiert. Tutukaka ist jedenfalls alles andere als ein langweiliger Ort!

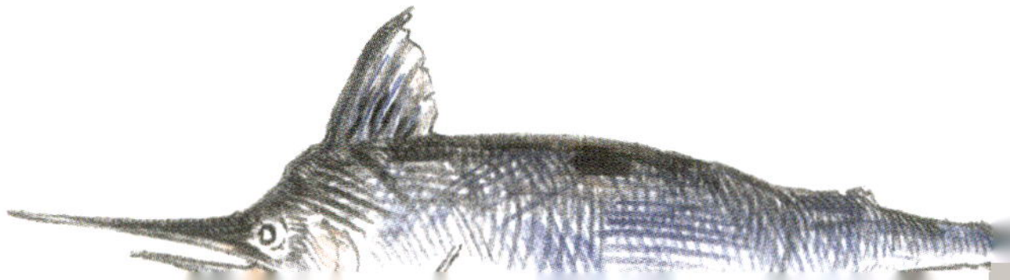

CREMIGE ERBSENSUPPE

MIT MEERESFRÜCHTEN

FÜR 4 PERSONEN ALS VORSPEISE
ZUBEREITUNGSZEIT: CA. 40 MIN.
PRO PORTION CA. 215 KCAL

1 Zwiebel
2 EL Olivenöl
1 TL gemahlener Kreuzkümmel
450 g TK-Erbsen (möglichst junge)
250 ml Geflügelfond (ersatzweise Hühnerbrühe)
½ Bund Minze
50 g Kokosmilch (s. S. 8 f.)
2 EL helle Sojasauce
1 ½ EL Limettensaft
Salz
½ TL Cayennepfeffer
150 g kleine Tintenfischtuben (küchenfertig vorbereitet)
12 rohe, geschälte Garnelen
1 EL süße Sojasauce*

1 / Die Zwiebel schälen und würfeln. 1 EL Olivenöl in einem Topf erhitzen. Die Zwiebel darin bei mittlerer Hitze in 2–3 Min. glasig anschwitzen. Den Kreuzkümmel kurz mitrösten, dann die gefrorenen Erbsen 3 Min. mitbraten. Fond oder Brühe angießen, aufkochen und alles zugedeckt bei kleiner Hitze ca. 20 Min. köcheln lassen.

2 / Inzwischen die Minze waschen und trocken schütteln. Die Blätter abzupfen, einige zum Garnieren beiseitelegen. Die übrigen in feine Streifen schneiden und 2 Min. in der Suppe ziehen lassen. Die Suppe pürieren und durch ein Sieb streichen. Die Kokosmilch einrühren und die Suppe mit 1 EL heller Sojasauce, Limettensaft, Salz und Cayennepfeffer abschmecken. Auf kleinster Hitze warm halten.

3 / Tintenfischtuben und Garnelen abbrausen und trocken tupfen. Die Garnelen, falls nötig, am Rücken einschneiden und den Darmfaden entfernen. Die Tintenfischtuben in Ringe schneiden. 1 EL Olivenöl in einer Pfanne erhitzen. Tintenfischringe und Garnelen dazugeben, kurz wenden und mit den Sojasaucen ablöschen. Die Meeresfrüchte bei mittlerer Hitze in 2–4 Min. gar braten. Die Tintenfischringe sind etwas schneller fertig; diese dann herausnehmen und zur Seite stellen.

4 / Die restliche Minze grob hacken. Die Suppe auf Schalen verteilen. Garnelen und Tintenfischringe in die Suppe legen und alles mit Minze bestreut sofort servieren.

Auch wenn die Kombination von Erbsen und Minze an das britische Erbe der neuseeländischen Küche erinnert: Spätestens die Verwendung von Kokosmilch macht klar, dass auch Neuseeland in der Südsee liegt.

GEGRILLTER THUNFISCH

Im Sporthafen von Auckland fällt uns eine ungewöhnliche Segelyacht auf, an der ein Schild Touren mit America's-Cup-Feeling verspricht. So klettern wir an einem stürmischen Tag in einer Gruppe von zwanzig Besuchern an Bord der 26-Meter-Rennyacht. »All hands on deck!« Kaum sind alle Segel gesetzt, neigt sich das Boot zur Seite, gewinnt Fahrt, gerät noch stärker in Schräglage und zerschneidet in rasendem Tempo die Wellen. Schließlich fliegen wir mit 16 Knoten auf die Harbour Bridge zu und unterqueren sie in dem Moment, als sich ein Bungee-Springer von oben herabfallen lässt und knapp neben uns am Seil wieder nach oben federt. Hungrig von der Seeluft steuern wir zurück im Hafen gleich das nächste Fischrestaurant an.

GEGRILLTER THUNFISCH

MIT PAPRIKA-RELISH

FÜR 2 PERSONEN
ZUBEREITUNGSZEIT: CA. 45 MIN.
BACKZEIT: CA. 1 STD.
PRO PORTION CA. 655 KCAL

FÜR DAS PAPRIKA-RELISH
1 rote Paprika
1 Tomate
½ gelber Pfirsich
4 kleine Knoblauchzehen
8 rote Thai-Schalotten*
2 frische rote Chilischoten
1 EL Öl
1 TL brauner Zucker
2 ½ TL Tamarindenpaste*
1 ½ EL Fischsauce*

FÜR DEN FENCHEL-SALAT
10 g Koriandergrün
10 g Minze
½ Knolle Fenchel (ca. 100 g)
40 g Rucola
2 Frühlingszwiebeln
1 frische rote Chilischote (fingerlang)
1 TL Senf
1 EL Limettensaft
2 EL Aceto balsamico bianco
2 EL Olivenöl

AUSSERDEM
Salz | Pfeffer
2 Scheiben Thunfisch (à ca. 150 g)
Öl zum Braten

1 / Für das Relish den Backofen auf 180° vorheizen. Die Paprika halbieren, weiße Trennwände und Kerne entfernen, die Hälften waschen und mit der Hautseite nach oben in eine ofenfeste Form legen. Die Paprika im Backofen (Mitte) 45 Min. bis 1 Std. rösten, bis die Schale Blasen wirft und schrumpelig ist. Die Schoten herausnehmen, mitsamt Saft in eine Schüssel geben und abgedeckt etwas abkühlen lassen. (Durch den entstehenden Dampf löst sich die Haut besser.)

2 / Die Tomate kreuzweise einritzen, mit kochendem Wasser überbrühen, häuten und halbieren. Stielansatz und Kerne entfernen und das Fruchtfleisch grob würfeln. Den Pfirsich ebenso häuten, entsteinen und in Stücke schneiden. Knoblauch und Schalotten schälen und fein hacken. Die Chilischoten längs halbieren, Stielansatz und Kerne entfernen, die Schoten waschen und in feine Ringe schneiden.

3 / Das Öl in einer beschichteten Pfanne erhitzen. Knoblauch, Schalotten und Chili darin 2–3 Min. bei mittlerer Hitze anbraten. Tomaten- und Pfirsichwürfel zugeben und zugedeckt bei kleiner Hitze ca. 10 Min. köcheln lassen.

4 / Inzwischen die Paprika häuten und grob zerkleinern. Die Paprikastücke mit in den Topf geben und alles zugedeckt bei kleiner Hitze ca. 5 Min. ziehen lassen, dann mit dem Pürierstab pürieren. Das Relish mit Zucker, Tamarindenpaste und Fischsauce abschmecken.

5 / Für den Fenchelsalat Koriandergrün und Minze waschen, trocken schütteln und die Blätter abzupfen. Den Fenchel waschen, putzen und in hauchdünne Scheiben schneiden oder hobeln. Rucola waschen, putzen und trocken schleudern. Die Frühlingszwiebeln putzen, waschen, längs in Streifen und diese in ca. 3 cm lange Stücke schneiden. Die Chilischote halbieren, entkernen, waschen und in feine Streifen schneiden. Alle vorbereiteten Zutaten in eine Schüssel geben.

6 / Senf, Limettensaft, Aceto balsamico und Olivenöl zu einem Dressing verrühren und mit Salz und Pfeffer abschmecken. Das Dressing unter den Salat heben.

7 / Den Thunfisch waschen, trocken tupfen und entweder von jeder Seite je 1–2 Min. grillen oder in Öl in einer beschichteten Pfanne braten. Der Fisch sollte innen noch roh sein. Die Thunfischsteaks mit dem Paprika-Relish und dem Fenchelsalat anrichten.

RÄUCHERHÄHNCHEN

Australien gilt inzwischen als Mekka für Gourmets. Kreative Köche können in diesem Schmelztiegel der Kulturen aus einer enormen Vielfalt kulinarischer Anregungen schöpfen. Dazu kommen hervorragende Produkte: Spitzenweine und Käse aus kleinen Manufakturen, außerdem tropische Früchte, Kräuter und Gemüse aus Queensland, Trauben und Pfirsiche aus Victoria und New South Wales. Das südlich gelegene feucht-kühle Tasmanien mit seiner urtümlichen Landschaft liefert Lachs und Äpfel. Die werden hier im Stil eines südost-asiatischen Papayasalats zubereitet und begleiten geräuchertes Hähnchen, eine asiatische Spezialität. Jasmintee verleiht dem saftigen Fleisch ein wunderbar feines Aroma.

TEEGERÄUCHERTE HÄHNCHENBRUST

MIT APFELSALAT

FÜR 4 PERSONEN ALS VORSPEISE
ZUBEREITUNGSZEIT: CA. 25 MIN.
MARINIERZEIT: CA. 2 STD.
RÄUCHERZEIT: CA. 30 MIN.
PRO PORTION CA. 185 KCAL

FÜR DAS FLEISCH

2 Maispoulardenbrustfilets mit Haut (à ca. 150 g; ersatzweise Hähnchenbrustfilet)
1 EL helle Sojasauce
1 EL Reiswein
1 TL Honig
1 EL Austernsauce*
1 TL gemahlener Kreuzkümmel
1 TL gemahlene Kurkuma

FÜR DIE RÄUCHERMISCHUNG

20 g Ingwer
1 Stängel Zitronengras*
2 EL roher Klebreis (ersatzweise Basmati-Reis)
2 EL Jasminteeblätter
1 EL brauner Zucker
½ Zimtstange
2 Sternanise
2 Pandanusblätter* (nach Belieben)

FÜR DEN APFELSALAT

5 g Galgant*
1 Knoblauchzehe
2 Korianderwurzeln*
1 getrocknete Chilischote
5 Macadamianüsse
1 TL Palmzucker*, gerieben
3 EL Limettensaft
1 EL Fischsauce*
2 süßsäuerliche Äpfel
3 Stängel Koriandergrün

AUSSERDEM

Alu-Grillschale
Elektrogrill mit Deckel und teilbarem Grillrost (ersatzweise Wok mit Deckel)
lange Holz-Schaschlikspieße

1 / Die Poulardenbrüste abbrausen, trocken tupfen und sichtbares Fett entfernen. Sojasauce, Reiswein, Honig, Austernsauce, Kreuzkümmel und Kurkuma verrühren, das Fleisch damit einpinseln und mit der Hautseite nach oben abgedeckt ca. 2 Std. im Kühlschrank ziehen lassen.

2 / Die Poulardenbrüste aus der Marinade nehmen, mit der Hautseite nach unten in eine kalte Pfanne legen und bei kleiner Hitze ca. 3 Min. anbraten, sodass etwas Fett austritt. Dann die Hitze heraufschalten und die Hautseite in weiteren 2–3 Min. knusprig braun braten. Das Fleisch herausnehmen und mit der Hautseite nach oben auf einen Teller legen.

3 / Für die Räuchermischung den Ingwer in Scheiben schneiden. Das Zitronengras mit dem Messerrücken kräftig aufklopfen und mit Ingwer, Reis, Teeblättern, Zucker, Zimt, Sternanisen und Pandanusblättern in eine Alu-Grillschale geben.

4 / Den halben Grillrost aus dem Elektrogrill herausnehmen und die Alu-Grillschale mit der Räuchermischung direkt auf die Grillschlangen setzen. Die Poulardenbrüste auf die Holz-Schaschlikspieße stecken und die Spieße quer über einen großen, tiefen Teller legen. So hängt das Fleisch in der Luft und hat keinen direkten Wärmekontakt mit dem Grill. Den Teller auf den Grillrost stellen, den Deckel des Grills schließen und die Poulardenbrüste bei ca. 120° Innentemperatur ca. 30 Min. räuchern. Sobald Rauch aufsteigt, die Hitze etwas zurückschalten.

5 / Falls Sie keinen Elektrogrill besitzen, können Sie auch im Wok räuchern (Vorsicht bei Rauchmeldern in der Küche!). Den Wok mit einer doppelten Lage Alufolie auslegen, die Räuchermischung daraufgeben und bei kleiner Hitze erwärmen, bis der Zucker schmilzt und Rauch entsteht. Die Hitze zurückschalten, die Poulardenbrüste auf den Siebeinsatz oder Rost des Woks legen, den Deckel aufsetzen und zusätzlich beschweren. Die Poulardenbrüste ca. 30 Min. räuchern.

6 / In der Zwischenzeit für den Apfelsalat Galgant und Knoblauch schälen und fein hacken. Die Korianderwurzeln waschen, putzen und hacken. Die Chilischote entkernen, zerbröseln und mit Galgant, Knoblauch und Korianderwurzeln in einem rauen Mörser zu einer Paste verarbeiten. Die Macadamianüsse dazugeben und mit den Gewürzen verreiben. Den Palmzucker unterrühren. Nach und nach Limettensaft und Fischsauce einarbeiten. Das Dressing in eine Salatschüssel geben.

7 / Die Äpfel schälen und auf einer Mandoline bis auf das Kerngehäuse in sehr feine Streifen (Julienne) hobeln. Ohne Mandoline die Äpfel schälen, vierteln, Kerngehäuse entfernen und das Fruchtfleisch mit dem Messer in sehr feine Streifen schneiden. Das Koriandergrün waschen, trocken schütteln, die Blätter abzupfen und grob hacken. Koriander und Apfelstreifen mit dem Dressing mischen.

8 / Die Poulardenbrüste nach dem Räuchern 3 Min. ruhen lassen, dann in Scheiben schneiden und mit dem Apfelsalat auf Tellern anrichten.

SCHWEIN MIT PFLAUME

In Australien können wir am eigenen Gaumen erleben, welche Köstlichkeiten entstehen, wenn heimisches »bush food« auf asiatische Einflüsse trifft. Wir probieren chinesisch gewürzten Schweinebauch mit »lilly pillies«, den Beeren eines Regenwaldbaums, oder mit fermentierten schwarzen Bohnen geschmorten Schwanz vom Wallaby, einer kleinen Känguruart. Entsprechend gespannt sind wir, als wir auf einer Speisekarte im Grampians-Nationalpark Känguru als Vorspeise entdecken. Aber das gegrillte Fleisch enttäuscht uns: Es schmeckt zwar nach Wild, ist aber trocken und zäh. Die anschließend servierte saftige Schweineschulter mit der fruchtigen Sauce versöhnt uns allerdings sofort wieder.

KNUSPRIGES SCHWEINEFLEISCH

MIT PFLAUMENSAUCE

800 g Schweineschulter (ohne Knochen)
500 ml Meisterbrühe (s. S. 323)
1 frische rote Chilischote
¼ Vanilleschote

320 g Pflaumen
45 g Palmzucker*, gerieben
30 ml Champagneressig (plus Essig zum Abschmecken; ersatzweise Weißweinessig)
1 Sternanis
½ Zimtstange
1 TL Salz
10 geschälte Mandeln
2 EL Sprossen (z. B. Alfalfa- oder Rettichsprossen)
1 Limette

AUSSERDEM
Öl zum Braten

FÜR 4 PERSONEN
ZUBEREITUNGSZEIT: CA. 45 MIN.
GARZEIT: CA. 2 STD. 30 MIN.
+ 45 MIN.
RUHEZEIT: MIND. 12 STD.
PRO PORTION CA. 560 KCAL

1 / Am Vortag die Schwarte der Schweineschulter mit der Fettschicht entfernen. In einer beschichteten Pfanne 2 EL Öl erhitzen und die Schweineschulter darin bei großer Hitze in 4–5 Min. von allen Seiten anbraten. Das Fleisch herausnehmen und auf Küchenpapier entfetten.

2 / In einem großen Topf mit schwerem Boden die Meisterbrühe zum Kochen bringen. Die Schweineschulter hineingeben und zugedeckt bei kleiner Hitze 2 Std. 30 Min. köcheln lassen, bis das Fleisch weich ist. Die Schweineschulter herausnehmen und das Fett von der Brühe abschöpfen. 50 ml Brühe abmessen und für die Pflaumensauce beiseitestellen. Den Rest der Meisterbrühe für andere Verwendungen einfrieren.

3 / Die Schweineschulter abkühlen lassen, dann fest in Frischhaltefolie wickeln, dabei möglichst rechteckig in Form drücken, in eine gerade noch passende flache Schale legen und mit einem Deckel beschwert mind. 12 Std. in den Kühlschrank stellen.

4 / Am nächsten Tag die Chilischote längs halbieren, entkernen, waschen und in feine Ringe schneiden. Die Vanilleschote längs aufschlitzen. Die Pflaumen waschen, halbieren und entsteinen. Chilischote, Vanilleschote und Pflaumen mit Zucker, Essig, Sternanis, Zimtstange und Salz zum Kochen bringen.

5 / Alles zugedeckt bei kleiner Hitze ca. 30 Min. köcheln lassen, dann den Deckel abnehmen. Alles weitere 15 Min. offen köcheln, bis die Pflaumen weich sind und die Sauce eine sämige Konsistenz hat. Die abgemessene Meisterbrühe zur Sauce geben. Die Gewürze entfernen und die Sauce durch ein Sieb streichen.

6 / Die Mandeln längs halbieren und in einer Pfanne ohne Fett goldbraun rösten. Die Sprossen waschen und trocken schütteln. Die Limette waschen und achteln.

7 / Die Schweineschulter in mundgerechte Würfel schneiden. So viel Öl in eine Pfanne gießen, dass es ca. 1 cm hoch darin steht, und auf ca. 180° erhitzen. Es ist heiß genug, wenn an einem hineingehaltenen Holzstäbchen sofort viele kleine Bläschen aufsteigen. Die Fleischwürfel darin portionsweise in je ca. 3 Min. von allen Seiten kross braten, herausnehmen und auf einer dicken Lage Küchenpapier entfetten.

8 / Die Pflaumensauce erneut erhitzen und mit Essig abschmecken. Die Schweinefleischwürfel in der Sauce wenden, mit Sauce auf vier Teller verteilen, mit den gerösteten Mandeln und Sprossen bestreuen und mit den Limettenachteln servieren.

PFLAUMEN-ZITRONENGRAS-PIE

OHNE BODEN

Im ländlichen Australien geht es kulinarisch eher schlicht zu. In den schier endlosen, oft eintönigen Weiten sind gute Restaurants oft Mangelware. Desserts und Kuchen werden allerdings überall mit großer Leidenschaft zubereitet.

FÜR 4 PERSONEN | ZUBEREITUNGSZEIT: CA. 30 MIN.
BACKZEIT: CA. 30 MIN. | PRO PORTION CA. 655 KCAL

750 g Pflaumen | 95 g Zucker | 3 Stängel Zitronengras*
5 g Ingwer | 120 g Mehl | ½ TL Fünf-Gewürze-Pulver*
80 g kalte Butter | 100 g Macadamianüsse (ersatzweise Mandeln) | AUSSERDEM: Butter für die Form | Mehl für die Arbeitsfläche

1 / Den Backofen auf 220° vorheizen und eine ofenfeste Form mit Butter einfetten. Die Pflaumen waschen, halbieren, entsteinen und noch einmal längs teilen. Die Pflaumenstücke mit 1 EL Zucker mischen und in die Form geben. Vom Zitronengras die äußeren Hüllblätter entfernen und das saftige untere Drittel fein hacken. Den Ingwer schälen und fein hacken. Beides in einer Schüssel mit Mehl, Zucker und Fünf-Gewürze-Pulver mischen. Die kalte Butter in Flocken zugeben und schnell zu einem glatten Teig verkneten. Die Macadamianüsse oder Mandeln grob hacken und in den Teig einarbeiten.

2 / Auf der bemehlten Arbeitsfläche den Teig in Formgröße ausrollen. Die Teigplatte auf die Pflaumen legen und mehrfach mit einer Gabel einstechen. Die Pie im Ofen (Mitte) 20–25 Min. backen, bis die Teigdecke goldbraun ist und es an den Rändern brodelt. Herausnehmen und etwas abkühlen lassen. Die Pie schmeckt lauwarm, entweder für sich oder mit Vanilleeis.

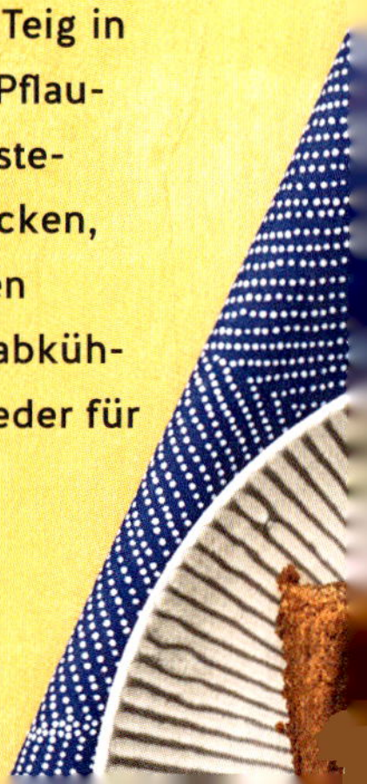

APFELKUCHEN

MIT WATTLE SEEDS

Wattle Seeds sind die Samen einer Akazienart und gehören zu den Spezialitäten aus dem australischen Busch. Geröstet und gemahlen, verströmen sie die Aromen von Nüssen, Kaffee und Kakao. Bei uns kann man sie übers Internet bestellen.

FÜR 1 KUCHEN (8 STÜCKE) | ZUBEREITUNGSZEIT: CA. 25 MIN. | BACKZEIT: CA. 40 MIN. | PRO STÜCK CA. 165 KCAL

2 süßsäuerliche Äpfel (ca. 300 g) | 2 EL Limettensaft 5 g Ingwer | 1 Ei (M) | 90 g Zucker | 100 g doppelgriffiges Mehl (ersatzweise übliches Mehl, Type 405) | 2 TL Backpulver | 2 TL gemahlene Wattle Seeds (ersatzweise Mischung aus Instantkaffee und Kakaopulver) | 1 Prise gemahlener Kardamom | 5 EL Milch | 2 EL gehackte Mandeln | 25 g Butter | AUSSERDEM: Springform (ca. 18 cm Ø) | Butter für die Form

1 / Den Backofen auf 180° vorheizen. Die Backform buttern. Die Äpfel schälen, vierteln und ohne Kerngehäuse in Spalten schneiden. Mit dem Limettensaft mischen. Den Ingwer schälen, fein hacken und unterheben.

2 / Das Ei mit dem Zucker (bis auf 1 EL) schaumig rühren. Mehl, Backpulver, Wattle Seeds und Kardamom dazugeben. Alles vorsichtig verrühren, dann nach und nach die Milch einarbeiten, bis der Teig zäh vom Löffel reißt. Den Teig in die Form geben und kreisförmig mit den Äpfeln belegen. Die Mandeln mit dem übrigen EL Zucker mischen und darüberstreuen. Die Butter in Flocken auf die Oberfläche setzen.

3 / Den Kuchen im Ofen (Mitte) 30–40 Min. backen, bis die Oberfläche leicht gebräunt ist. Herausnehmen, etwas abkühlen lassen, aus der Form lösen und lauwarm servieren.

WELTSTÄDTISCH

»Coat hanger«, sprich: Kleiderbügel nennen die Bewohner Sydneys ihre Harbour Bridge. Sie erinnert an die Zeit, als sich Sydney zur modernen Metropole mauserte. Viel unbekannter ist der North Sydney Pool direkt daneben, ein Schwimmbad im Art-Déco-Stil. Wir probieren es zu abendlicher Stunde aus: Der Blick auf die Lichter von Hafen und Opernhaus ist ein unvergessliches Erlebnis.

1° 21‘ 7.499 N 103° 49‘ 11.41“ E

SINGAPUR

Vor fünfzig Jahren noch ein Entwicklungsland, sieht man dem Stadtstaat schon an der Skyline an, dass er heute zu den modernsten Orten Asiens gehört. Die bunt gemischte Bevölkerung sorgt dafür, dass Besucher eine abwechslungsreiche, vielfältige Küche vorfinden. Vielleicht gehört Singapur auch deshalb zu den zehn meistbesuchten Städten der Welt?

Gegründet 1819, um den Handel der East India Company in der Straße von Malakka zu sichern, war Singapur anfangs lediglich von einer Handvoll Fischer, Piraten und chinesischer Händler bewohnt.

Heute gehört der Stadtstaat zu den wohlhabendsten Staaten der Welt – und ist mit Sicherheit der sauberste Ort in ganz Asien.

IM SCHMELZTIEGEL

DAS ERBE DER PERANAKAN

In Singapur tauchen wir das erste Mal auf unserer Reise in die Welt Asiens ein, und das gleich in besonderer Vielfalt. Allein vier offizielle Sprachen gibt es in dem Stadtstaat auf der malaiischen Halbinsel: neben der Geschäftssprache Englisch auch Tamil, Malaiisch und Chinesisch. Vor allem diese Mischung von Kulturen macht Singapur so einzigartig.

Abends sitzen wir bei einem kühlen Getränk am Clarke Quay, der Uferpromenade mit Blick auf den Singapore River. Am Nebentisch unterhält sich ein indisches Paar, einige Tische weiter eine malaiische Familie, dann ein chinesisches Pärchen. Uns fällt auf, dass tagsüber zwar bunt gewürfelte Gruppen unterwegs sind, sich die einzelnen Ethnien aber nach Feierabend kaum mischen.
Wir fragen Bo, den netten Barkeeper in unserem Hotel, ob unser Eindruck richtig ist. »Ja, stimmt. Mischehen sind eher selten. Aber das war nicht immer so.« Er erzählt uns, dass die ersten chinesischen Kaufleute, die sich in Südasien niederließen, häufig malaiische Frauen heirateten. In ihren Familien entwickelte sich über Generationen hinweg die einzigartige Mischkultur der Peranakan. »Es gibt hier sogar ein Peranakan-Museum!«

In den nächsten Tagen betrachten wir dort Möbel, Schmuck und Gebrauchsgegenstände und bewundern im Stadtviertel Katong bunt verspielte Peranakan-Häuser.
Vor allem aber nähern wir uns dieser besonderen Kultur kulinarisch. Wie gut, dass die Nyonya-Küche, wie sie auch genannt wird, gerade wiederentdeckt wird! Typisch dafür ist die Mischung chinesischer Kochtechniken und Zutaten mit indonesischer und malaiischer Würze. Besonders die aufwendigen Würzpasten mit Shrimppaste, Zitronengras und Galgant haben die hiesigen Frauen ihren chinesischen Ehemännern schmackhaft gemacht.
In Katong finden wir reichlich Gelegenheit, die Küchengeheimnisse der Peranakan ganz praktisch zu erkunden. Viele der Gerichte auf den Karten kommen uns bekannt vor: die Nudelsuppen Laksa zum Beispiel oder mit Kokos geschmortes Beef Rendang. Hier tragen sie allerdings den Zusatz »Nyonya«, und die Gewürze werden ein bisschen üppiger eingesetzt.
Aber einen entscheidenden Unterschied entdecken wir sofort: Schweinefleisch, in der Küche der größtenteils muslimischen Malaien absolut tabu, spielt in der Nyonya-Küche eine wichtige Rolle. Hier ließen sich die chinesischen Männer wohl nicht auf Kompromisse ein. Schließlich ist das Schwein nicht nur das älteste und wichtigste Haustier Chinas, sondern auch ein Symbol für Glück und Wohlstand.

REISBLATTROLLEN

Auf einem der offenen Food Markets in Singapur beobachten wir, wie ein Mann flüssigen Reisteig auf einem Tuch verstreicht, das straff über einem dampfenden Topf mit Wasser gespannt ist. Wenige Sekunden später bugsiert er den noch sehr weichen Fladen auf die Arbeitsfläche, füllt ihn und rollt ihn auf. Mit Sauce übergossen und mit Röstschalotten bestreut, reicht er die Reisblattrolle hinüber. Ein Gedicht aus zartem Teig, der auf der Zunge zergeht! Die köstliche Kleinigkeit stammt aus der chinesischen Küche und ist mit verschiedenen herzhaften Füllungen in Singapur sehr beliebt. Ich habe sie nachgemacht und für die heimische Küche etwas vereinfacht.

GEDÄMPFTE REISBLATTROLLEN

MIT WÜRZIGER HACKFLEISCHFÜLLUNG

FÜR 4 PERSONEN
ZUBEREITUNGSZEIT: CA. 1 STD. 30 MIN.
GARZEIT: CA. 12 MIN.
PRO PORTION CA. 635 KCAL

FÜR DIE SAUCE

1 Knoblauchzehe
1 frische grüne Chilischote
2 EL Chinkiang-Essig*
1 EL süße Sojasauce*
3 EL Limettensaft
3 EL Fischsauce*
1 TL Palmzucker*, gerieben

FÜR DIE ROLLEN

4 Shiitake (Pilze)
1 Knoblauchzehe
10 g Ingwer
4 rote Thai-Schalotten*
2 ½ EL Öl
300 g gemischtes Hackfleisch
1 EL Austernsauce*
1 EL Hoisinsauce*
½ EL chines. gelbe Bohnensauce (auch gelbe Bohnenpaste; Asienladen; ersatzweise die Menge Hoisinsauce erhöhen)
½ TL Zucker
Salz | Pfeffer
2 Schalotten
250 g Reismehl
60 Tapiokastärke (Asienladen)

AUSSERDEM

30 g Tapiokastärke zum Verarbeiten
Öl zum Verarbeiten
Wok
doppelstöckiger Bambusdämpfkorb

1 / Für die Sauce den Knoblauch schälen und fein hacken. Die Chilischote längs halbieren, entkernen, waschen und in feine Ringe schneiden. Chili und Knoblauch mit Chinkiang-Essig, Sojasauce, Limettensaft und Fischsauce verrühren und mit dem Palmzucker abschmecken. Die Sauce zur Seite stellen.

2 / Für die Rollen die Pilze putzen, falls nötig mit Küchenpapier abreiben, den Stiel entfernen und die Pilzkappen fein würfeln. Knoblauch, Ingwer und Schalotten schälen und fein hacken. In einer beschichteten Pfanne 1 EL Öl erhitzen und die Pilze darin bei mittlerer Hitze 2–3 Min. anbraten. Knoblauch, Ingwer und Schalotten dazugeben und ca. 1–2 Min. mitbraten, bis es aromatisch duftet. Das Hackfleisch hinzufügen und unter ständigem Rühren ca. 4 Min. krümelig braten. Austernsauce, Hoisinsauce und gelbe Bohnensauce unterrühren und ca. 1 Min. erhitzen. Die Füllung mit Zucker, Salz und Pfeffer abschmecken und zur Seite stellen.

3 / Die Schalotten schälen und in Würfel schneiden. 1 ½ EL Öl in einer beschichteten Pfanne erhitzen und die Schalotten in 4–5 Min. bei mittlerer Hitze goldbraun rösten. Die Schalotten herausnehmen und auf Küchenpapier entfetten.

4 / Das Reismehl in einer Schüssel mit der Tapiokastärke mischen und in die Mitte eine Mulde drücken. 430 ml kochendes Wasser hineingießen und alles rasch mit zwei Holzstäbchen oder einem Kochlöffelstiel grob verrühren. Die Arbeitsfläche mit Tapiokastärke bemehlen, den noch krümeligen Teig daraufstürzen und zu einer Kugel verkneten. Die Teigschüssel über die Kugel decken und den Teig ca. 10 Min. ruhen lassen.

5 / Etwas Öl in eine Schüssel geben, die Finger damit benetzen und den Teig ca. 2 Min. durchkneten, bis er geschmeidig ist. Zur Rolle formen, diese vierteln und jedes Stück in fünf Teile teilen, sodass 20 Stücke entstehen.

6 / Die Arbeitsfläche erneut mit Stärke bestäuben. Einen Teller, der in den Bambusdämpfkorb passt, mit Öl bepinseln. Ein Teigstück zu einem Quadrat (ca. 10 × 10 cm) ausrollen. Etwa 1 EL Füllung entlang der Mitte als Streifen quer auf dem Teigblatt verteilen. Die Teigränder von oben und unten so über die Füllung schlagen, dass eine lockere Rolle entsteht, die an den Seiten offen ist. Die Rolle mit der Naht nach unten auf den geölten Teller legen und mit einem Tuch abdecken. Mit dem restlichen Teig und der restlichen Füllung ebenso verfahren. Falls nötig, einen zweiten Teller einölen und weitere Rollen darauf verteilen.

7 / Die Teller in einen doppelstöckigen Bambusdämpfkorb setzen, Deckel aufsetzen und in einem Wok über kochendem Wasser 10–12 Min. dämpfen, bis der Teig fest und glasig ist. Zum Servieren die Reisnudelrollen mit etwas von der Sauce beträufeln und mit den gerösteten Schalotten bestreuen.

KATONG LAKSA

Zwischen Wolkenkratzern und Einkaufspalästen finden sich in Singapur noch einige Viertel aus kolonialer Zeit. Manchmal können wir schon am Duft erkennen, wo wir uns gerade befinden. In Little India zieht das Aroma von Currys und Samosas durch die Straßen. Vor den Läden sind Blüten und bunte Gemüsesorten zu Hügeln aufgetürmt, und Frauen in bunten Saris erledigen ihre Einkäufe. In Chinatown duftet es dagegen nach Räucherstäbchen. Hipper geht es im Art-Déco-Viertel Tiong Bahru zu, wo Lifestyle großgeschrieben wird. Trotzdem finden wir hier noch Spuren des alten Singapur: in einer Fassade, einem kleinen Garten oder dem Geschmack dieser typischen Kokos-Nudelsuppe.

KATONG LAKSA

NUDELSUPPE MIT KOKOS

FÜR 2 PERSONEN
ZUBEREITUNGSZEIT: CA. 50 MIN.
PRO PORTION CA. 800 KCAL

1 EL Korianderkörner
1 EL Kreuzkümmelsamen
2 Sternanise
1 EL Muskatblüte (Macis)
2 Kardamomkapseln
6 getrocknete Chilischoten
1 EL getrocknete Shrimps*
6 rote Thai-Schalotten* (ersatzweise 3 Schalotten)
5 Knoblauchzehen
20 g Ingwer
2 Stängel Zitronengras*
5 Macadamianüsse
1 TL gemahlene Kurkuma

6 Wachteleier
200 g frische Udon-Nudeln* (ersatzweise 120 g getrocknete Mie-Nudeln; chines. Eiernudeln)
1 kleiner Pak Choi (ersatzweise 125 g Spinat)
¼ Bund Koriandergrün
3 Stängel chinesischer Schnittlauch*
1 Frühlingszwiebel
250 g rohe, geschälte Garnelen
1 EL Öl

3 EL Kokoscreme (s. S. 8 f.)
300 ml Geflügelfond (ersatzweise Hühnerbrühe)
1 EL Fischsauce*
3 Würfel fermentierter Tofu*
2 EL Limettensaft
Salz
1 Limette

1 / Koriander, Kreuzkümmel, Sternanise, Muskatblüte und Kardamom in einer Pfanne ohne Fett anrösten, bis sie duften, dann mörsern oder in einer Gewürzmühle mahlen.

2 / Die Samen der Chilischoten entfernen. Die Schoten mit kochendem Wasser übergießen und ca. 10 Min. einweichen, dann abgießen. Die getrockneten Shrimps ca. 5 Min. in heißem Wasser einweichen, dann abgießen. Schalotten, Knoblauch und Ingwer schälen und fein hacken. Vom Zitronengras die äußeren Hüllblätter entfernen und das saftige untere Drittel fein hacken. Die vorbereiteten Zutaten mit Macadamianüssen und Kurkuma mit dem Pürierstab zu einer glatten Würzpaste verarbeiten. Die Gewürzmischung gründlich unterrühren.

3 / Die Wachteleier in 5 Min. hart kochen und kalt abschrecken. Die Nudeln nach Packungsanweisung kochen, abgießen und kalt abschrecken, um den Garvorgang zu stoppen. Zur Seite stellen. Den Pak Choi putzen, waschen und in Streifen schneiden (Spinat putzen, gründlich waschen und die Blätter etwas kleiner zupfen).

4 / Koriandergrün und Schnittlauch waschen und trocken schütteln. Das untere Drittel der Korianderstängel entfernen, den Rest mit Stängeln grob hacken. Den Schnittlauch in ca. 1 cm lange Stücke schneiden. Die Frühlingszwiebel putzen, waschen und in Ringe schneiden. Die Garnelen abbrausen und trocken tupfen. Falls nötig, am Rücken einschneiden und den Darmfaden entfernen. Die Wachteleier pellen und halbieren.

5 / Das Öl in einer Pfanne mit hohem Rand erhitzen und die Würzpaste darin bei mittlerer Hitze 3–4 Min. anbraten, bis sie leicht gebräunt ist und duftet. Die Kokoscreme unterrühren. Fond oder Brühe angießen und Fischsauce, Tofu und Pak Choi oder Spinat dazugeben. Sobald das Blattgemüse etwas zusammengefallen ist, die Garnelen zufügen und in 2–3 Min. gar köcheln.

6 / Die Hitze herunterschalten, Nudeln, Kräuter, Frühlingszwiebeln und Limettensaft unterrühren und alles noch ca. 2 Min. ziehen lassen, bis sich der Tofu fast völlig aufgelöst hat. Die Suppe mit Salz abschmecken. Die Wachteleier auf den Nudeln verteilen und warm werden lassen. Die Limette achteln und zur Laksa servieren.

PFANNENGERÜHRTES HUHN

MIT GRÜNEM SPARGEL

FÜR 2 PERSONEN
ZUBEREITUNGSZEIT: CA. 40 MIN.
PRO PORTION CA. 645 KCAL

350 g Hähnchenbrustfilet
2 EL Austernsauce*
3 EL Chinkiang-Essig*
2 EL Geflügelfond (ersatzweise Hühnerbrühe)
2 EL Reiswein
2 EL Hoisinsauce*
1 EL süße Sojasauce*
1 TL geröstetes Sesamöl*
300 g grüner Spargel
3 EL Öl
2 getrocknete Chilischoten
2 Stangen Staudensellerie
2 Knoblauchzehen
15 g Ingwer
½ rote Paprika
2 Frühlingszwiebeln
50 g Cashewkerne
2 TL Chilimarmelade (s. S. 322; nach Belieben)

1 / Die Hähnchenbrust abbrausen, trocken tupfen und mundgerecht würfeln. Mit der Austernsauce mischen und ca. 10 Min. marinieren. Essig, Fond oder Brühe, Reiswein, Hoisinsauce, Sojasauce und Sesamöl verrühren. Den Spargel waschen, im unteren Drittel schälen, sehr dicke Stangen längs halbieren und alle in ca. 3 cm lange Stücke schneiden. Den Spargel in 1 EL Öl bei mittlerer Hitze 1–2 Min. anbraten, zugedeckt in 2–4 Min. bissfest dünsten. Vom Herd nehmen.

2 / Die Chilischoten entkernen und zerbröseln. Den Sellerie waschen, putzen, falls nötig entfädeln und in dünne Scheiben schneiden. Knoblauch und Ingwer schälen und fein hacken. Weiße Trennwände und Kerne der Paprika entfernen, die Schotenhälfte waschen und ca. 1,5 cm groß würfeln. Die Frühlingszwiebeln putzen, waschen und längs in Streifen, dann in 3–4 cm lange Stücke schneiden. Die Cashewkerne in einer Pfanne ohne Fett bei mittlerer Hitze goldgelb rösten.

3 / In einem Wok oder einer Pfanne 1 EL Öl erhitzen und die Chilischoten bei mittlerer bis großer Hitze ca. 1 Min. anbraten. Die Hähnchenwürfel dazugeben und unter Rühren in 3–4 Min. rundum bräunen. Herausnehmen. 1 EL Öl erhitzen und Sellerie, Knoblauch, Ingwer und Paprika bei mittlerer Hitze ca. 2 Min. unter Rühren braten. Hähnchen und Spargel zum Gemüse geben, die Chilimarmelade unterrühren, die Saucenmischung angießen und alles 2–3 Min. köcheln lassen. Mit Cashewkernen und Frühlingszwiebeln bestreut servieren.

In Chinatown tauchen wir in eine fremde, bunte Welt ein: In vollgestopften Läden hängt getrocknetes Getier von der Decke, und chinesische Apotheken bieten Wurzeln und Pilze, aber auch eingelegte Schlangen an. Wir halten uns lieber an das kulinarische Angebot. In einem der vielen Restaurants finden wir dieses schnelle Wokgericht.

HÄHNCHEN

MIT PANDANUSBLÄTTERN

FÜR 2 PERSONEN
ZUBEREITUNGSZEIT: CA. 45 MIN.
PRO PORTION CA. 565 KCAL

3 getrocknete Chilischoten
3 kleine Schalotten
2 Knoblauchzehen
20 g Ingwer
1 Stängel Zitronengras*
350 g Hähnchenbrustfilet
1 TL gemahlene Kurkuma
1 Möhre
100 g Zuckerschoten
2 Pandanusblätter* (ersatzweise ein paar Tropfen Pandanusessenz)
3 EL Öl
75 ml süße Sojasauce*
1 EL Austernsauce*
75 ml Geflügelfond (ersatzweise Hühnerbrühe)
1 EL Sesamsamen
3 Stängel Dill
3 EL Tamarindenpaste*

1 / Die Chilischoten entkernen. Schalotten, Knoblauch und Ingwer schälen und fein hacken. Vom Zitronengras die äußeren Hüllblätter entfernen und das untere Drittel fein hacken. Alles mit dem Pürierstab zu einer glatten Paste verarbeiten.

2 / Die Hähnchenbrust abbrausen, trocken tupfen und in mundgerechte Würfel schneiden. Mit der Kurkuma vermischen. Die Möhre putzen, schälen und in feine Stifte schneiden. Die Zuckerschoten waschen und schräg halbieren. Die Pandanusblätter waschen, trocken tupfen und verknoten.

3 / In einer beschichteten Pfanne 1 EL Öl erhitzen und das Hähnchenfleisch darin bei mittlerer bis großer Hitze in 3–4 Min. goldbraun anbraten. Herausnehmen. Wieder 1 EL Öl erhitzen und die Möhre bei mittlerer Hitze in 1–2 Min. bissfest garen, die Zuckerschoten dazugeben und ca. 1 Min. pfannenrühren. Das Gemüse ebenfalls herausnehmen. Erneut 1 EL Öl erhitzen und Würzpaste und Pandanusblätter bei mittlerer Hitze 3–4 Min. anbraten. Sojasauce, Austernsauce und Fond oder Brühe zugeben und alles bei kleinster Hitze zugedeckt ca. 10 Min. köcheln lassen.

4 / Die Sesamsamen trocken rösten. Den Dill waschen, trocken schütteln und die Spitzen abzupfen. Hähnchenwürfel in die Sauce geben, 2–3 Min. garen. Pandanusblätter entfernen. Das Gemüse zufügen, alles mit der Tamarindenpaste säuerlich abschmecken und mit Sesam und Dill bestreut servieren.

Das Aroma von Pandanus erinnert an Vanille oder Nüsse mit blumigen Noten. Überraschenderweise werden die schmalen, langen Blätter trotzdem auch für herzhafte Gerichte verwendet. Wie gut das passt, zeigt sich an diesem Wokgericht.

BEEF RENDANG

Auf Singapurs Foodmärkten, Hawker Centres genannt, könnten wir uns einmal quer durch Asien probieren. Auf diesen Imbissmärkten locken in den Vitrinen indische, chinesische und malaiische Gerichte. Jeder Stand hat sich auf etwas anderes spezialisiert, alles ist sauber, und die Preise sind unschlagbar günstig. Wir können uns nicht recht entscheiden und schauen einfach, was die anderen wählen. So sitzen wir schließlich inmitten von Menschen an einem kleinen Tischchen und lassen uns diese lang gegarte indonesische Rindfleischspezialität schmecken, der Limettenblätter und Tamarinde eine gewisse Leichtigkeit verleihen.

BEEF RENDANG

PERAK STYLE

FÜR 4 PERSONEN
ZUBEREITUNGSZEIT: CA. 45 MIN.
GARZEIT: CA. 2 STD. 30 MIN.
PRO PORTION CA. 495 KCAL

FÜR DIE WÜRZPASTE
9 getrocknete Chilischoten
1 EL getrocknete Shrimps*
1 mittelgroße Zwiebel
3 Knoblauchzehen
25 g Ingwer
25 Galgant*
3 Stängel Zitronengras*
2 TL gemahlene Kurkuma
4 Kardamomkapseln
2 EL Korianderkörner
1 EL Fenchelsamen
1 EL Kreuzkümmelsamen
1 EL Anissamen
10 schwarze Pfefferkörner

FÜR DAS RINDFLEISCH
600 g Rindfleisch (Nuss)
1 Stängel Zitronengras*
4 EL frisch geriebene Kokosnuss (ersatzweise Kokosraspel)
1 ½ EL Öl
165 g Kokosmilch (s. S. 8 f.)
100 ml Geflügelfond (ersatzweise Hühnerbrühe)
2 EL Tamarindenpaste*
3 EL Fischsauce*
4 Kaffir-Limettenblätter*

1 / Für die Würzpaste die Chilis entkernen, mit kochendem Wasser übergießen und 10 Min. einweichen lassen. Die Shrimps 5 Min. in heißem Wasser einweichen. Beides abgießen und abtropfen lassen. Zwiebel, Knoblauch, Ingwer und Galgant schälen und hacken. Vom Zitronengras die äußeren Hüllblätter entfernen und das saftige untere Drittel fein hacken. Die vorbereiteten Zutaten mit dem Pürierstab zu einer Würzpaste verarbeiten. Die Kurkuma unterrühren.

2 / Kardamom, Koriander, Fenchel, Kreuzkümmel, Anis und Pfefferkörner in einer Pfanne ohne Fett anrösten, bis sie duften, dann mörsern oder in einer Gewürzmühle mahlen. Diese Gewürzmischung unter die Paste mischen.

3 / Das Rindfleisch von Sehnen und Fett befreien und in mundgerechte Würfel schneiden. Vom Zitronengras die äußeren Hüllblätter entfernen und die Stängel mit dem Messerrücken kräftig aufklopfen. Geriebene Kokosnuss oder Kokosraspel in einer Pfanne ohne Fett bei mittlerer Hitze goldgelb rösten.

4 / Das Öl in einer beschichteten Pfanne erhitzen und die Gewürzpaste darin bei mittlerer Hitze 3–4 Min. anbraten, bis sie Farbe annimmt und intensiv duftet.

5 / Das Fleisch in die Pfanne geben und in 4–5 Min. von allen Seiten anbraten. Das Zitronengras dazugeben und Kokosmilch und Fond oder Brühe angießen. Alles aufkochen und dann bei kleinster Hitze zugedeckt 2 Std. 30 Min. köcheln lassen, bis das Fleisch mürbe und die Sauce schön dicklich eingekocht ist.

6 / Die geriebene Kokosnuss unterrühren und die Sauce mit Tamarindenpaste und Fischsauce abschmecken. Die Kaffir-Limettenblätter im Ganzen in die Sauce geben und ca. 5 Min. ziehen lassen. Zitronengras und Limettenblätter zum Servieren entfernen; sie werden nicht mitgegessen.

FISCH-MASALA

Unter allen Foodmärkten gefällt uns der Lau Pa Sat, auch Telok Ayer Market genannt, am besten. Ursprünglich stand er direkt am Meer. Weil das Gebäude aber unter den Elementen litt, wurde der Markt mit seiner markanten achteckigen Form 1894 im Zentrum der Stadt neu eröffnet. Die gusseisernen Träger für den Neubau im viktorianischen Stil ließ man in Glasgow fertigen und verschiffte sie nach Singapur. Nirgends kann man in schönerer Atmosphäre dem bunten Treiben der Leute zugucken. Dieses Fischcurry, das wir dabei genießen, beeindruckt uns aber mit seiner Würze fast ebenso sehr wie das Menschengewusel und die reich verzierten Säulen.

GELBES FISCH-MASALA

MIT TAMARINDE

FÜR 2 PERSONEN
ZUBEREITUNGSZEIT: CA. 50 MIN.
PRO PORTION CA. 645 KCAL

400 g festes weißfleischiges Fischfilet (z. B. Kabeljau-Loins, Zackenbarsch, Pollack)
1 TL Salz
1 TL gemahlene Kurkuma
2 Knoblauchzehen
1 kleine Zwiebel
20 g Ingwer
1 Stängel Zitronengras*
3 getrocknete Chilischoten
½ Zimtstange
1 TL schwarze Pfefferkörner
1 EL Kreuzkümmelsamen
1 EL Fenchelsamen
2 EL Korianderkörner
1 TL Bockshornkleesamen
1 TL Dillsamen
2 Pandanusblätter*
5 Zweige frische Curryblätter (nach Belieben; Asienladen)
5 Kirschtomaten
¼ Ananas (ca. 350 g)
4 EL ungeröstete Erdnusskerne (Asienladen)
220 ml Kokoswasser (s. S. 8)
1 EL Tamarindenpaste*
1 EL Öl
15 g Koriandergrün
2 EL Joghurt
1 ½ EL Fischsauce*

1 / Den Fisch waschen, trocken tupfen und in mundgerechte Würfel schneiden. Die Fischwürfel in einer Schüssel mit 1 TL Salz und der Kurkuma mischen und abgedeckt ca. 30 Min. im Kühlschrank marinieren lassen.

2 / In der Zwischenzeit Knoblauch, Zwiebel und Ingwer schälen und hacken. Vom Zitronengras die äußeren Hüllblätter entfernen und das saftige untere Drittel fein hacken. Die vorbereiteten Zutaten mit dem Pürierstab zu einer glatten Würzpaste verarbeiten.

3 / Die Chilischoten entkernen und zerbröseln, die Zimtstange etwas zerkleinern. Beides mit Pfefferkörnern, Kreuzkümmel, Fenchel, Koriander, Bockshornklee und Dillsamen in einer Pfanne ohne Fett anrösten, bis sie duften, dann mörsern oder in einer Gewürzmühle mahlen. Das Pulver unter die Würzpaste mischen.

4 / Die Pandanus- und Curryblätter waschen und trocken tupfen. Die Pandanusblätter verknoten. Die Tomaten waschen. Die Ananas schälen, den Strunk entfernen und das Fruchtfleisch in kleine Stücke schneiden. Die Erdnüsse in einer Pfanne ohne Fett goldbraun rösten. Im Mörser die Hälfte der Nüsse grob, die andere fein zerkleinern. 2 EL von dem Kokoswasser mit der Tamarindenpaste verrühren.

5 / Das Öl in einem Wok oder einer Pfanne mit hohem Rand erhitzen und die Würzpaste darin bei mittlerer Hitze 3–4 Min. anbraten, bis sie duftet. Die Pandanus- und Curryblätter dazugeben und 2–3 Min. mitbraten.

6 / Unter Rühren nach und nach Kokoswasser und die Tamarindenmischung angießen, die fein zerkleinerten Erdnüsse und die Tomaten dazugeben. Alles zugedeckt bei kleiner Hitze ca. 10 Min. köcheln lassen.

7 / Inzwischen das Koriandergrün waschen und trocken schütteln. Die Blätter abzupfen und grob hacken. Fisch und Ananasstücke in das Masala geben und in 3–5 Min. bei kleiner Hitze gar ziehen lassen. Den Topf vom Herd ziehen und den Joghurt einrühren. Die Flüssigkeit darf jetzt nicht mehr kochen, weil sonst der Joghurt ausflockt. Mit Fischsauce abschmecken. Zum Servieren das Masala mit den übrigen Erdnüssen und dem Koriander bestreuen.

HOKKIEN-MEE-NUDELN

BRATNUDELN AUF SINGAPUR-ART

FÜR 4 PERSONEN
ZUBEREITUNGSZEIT: CA. 40 MIN.
PRO PORTION CA. 505 KCAL

3 Knoblauchzehen
10 g Ingwer
3 Korianderwurzeln*
200 g Schweinelende
200 g rohe, geschälte Garnelen
200 g Jakobsmuscheln
200 g Pak Choi (ersatzweise 250 g Spinat)
50 g Sojabohnensprossen (ersatzweise Mungbohnensprossen)
1 Bund chinesischer Schnittlauch* (ersatzweise Frühlingszwiebeln)
2 EL Sesamsamen
4 Stängel Koriandergrün
1 Limette
300 g Mie-Nudeln (chines. Eiernudeln; ersatzweise 600 g frische Udon-Nudeln*)
1 EL Öl
1 EL Austernsauce*
2 EL süße Sojasauce*
2 EL helle Sojasauce
3 EL Sambal (s. S. 323; ersatzweise Sambal oelek aus dem Glas)

1 / Knoblauch und Ingwer schälen und fein hacken. Die Korianderwurzel waschen, putzen und fein hacken. Die Schweinelende von Sehnen und Fett befreien und in ca. 1 cm breite Streifen schneiden. Garnelen und Jakobsmuscheln abbrausen und trocken tupfen. Die Garnelen, falls nötig, am Rücken einschneiden und den Darmfaden entfernen. Die Jakobsmuscheln horizontal in je zwei Scheiben teilen.

2 / Den Pak Choi waschen, putzen und in Streifen schneiden. Die Bohnensprossen waschen. Den Schnittlauch waschen, trocken schütteln und in 1,5 cm lange Stücke schneiden. Den Sesam in einer Pfanne ohne Fett goldgelb anrösten. Das Koriandergrün waschen und trocken schütteln. Die Blätter abzupfen und grob hacken. Die Limette waschen und in Achtel schneiden. Die Nudeln nach Packungsanweisung in reichlich Wasser gar kochen, abgießen und kalt abschrecken.

3 / Das Öl in einer beschichteten Pfanne erhitzen. Knoblauch, Ingwer und Korianderwurzel darin bei mittlerer Hitze ca. 1 Min. anbraten. Fleisch, Garnelen, Jakobsmuscheln und Pak Choi dazugeben und alles unter Rühren 2–3 Min. bei großer Hitze braten. Sojasprossen und Schnittlauch dazugeben und 1 Min. mitbraten. Die Nudeln mit Austernsauce, den beiden Sojasaucen und 1–2 EL Sambal (je nach gewünschter Schärfe) dazugeben. Alles ca. 2 Min. erwärmen und mit Sesam und Koriander bestreuen. Das Hokkien Mee mit Limettenachteln und dem übrigen Sambal servieren.

Während in Australien die verschiedensten kulinarischen Einflüsse verschmelzen, existiert in Singapur eine enorme Vielfalt von Länderküchen nebeneinander. Am Clarke Quay liegen sie alle aufgereiht, die Restaurants mit ihren jeweiligen Spezialitäten. Dort lassen wir uns Hokkien Mee, ein typisches Nudelgericht der Peranakan-Küche, schmecken.

KOKOS-PANNACOTTA

MIT PANDANUS

FÜR 4 PERSONEN
ZUBEREITUNGSZEIT: CA. 20 MIN.
RUHEZEIT: CA. 15 MIN.
KÜHLZEIT: MIND. 4 STD.
PRO PORTION CA. 485 KCAL

4 Pandanusblätter*
250 g Kokosmilch (s. S. 8 f.)
3 Blatt Gelatine
250 g Sahne
100 g Zucker (plus Zucker zum Abschmecken)
2 Maracujas
1 reife, faserfreie Mango
3 Minibananen
8 Blätter Minze

AUSSERDEM
4 Portionsförmchen

1 / Die Pandanusblätter waschen, trocken tupfen und in kleine Stücke schneiden. Die Blattstücke mit der Kokosmilch in einem kleinen Topf bis knapp unter den Siedepunkt erhitzen und ca. 5 Min. simmern lassen, dann vom Herd nehmen und weitere 15 Min. ziehen lassen. Die Mischung durch ein feines Sieb geben, dabei die Pandanusblätter gut ausdrücken und anschließend wegwerfen.

2 / Die Gelatine in etwas kaltem Wasser einweichen, dann gut ausdrücken. Die Kokosmilch zusammen mit Sahne und Zucker aufkochen, den Topf vom Herd nehmen. Die ausgedrückte Gelatine dazugeben, unter Rühren in der Kokossahne auflösen. Die Flüssigkeit durch ein feines Sieb in die Förmchen gießen, abgedeckt mind. 4 Std. (oder über Nacht) kalt stellen.

3 / Die Maracujas halbieren, das Fruchtfleisch auslösen und durch ein Sieb streichen. Die Kerne wegwerfen. Die Mango schälen und das Fruchtfleisch vom Stein schneiden. Zusammen mit dem Maracujasaft pürieren und mit etwas Zucker abschmecken. Das Püree kalt stellen.

4 / Zum Servieren die Förmchen kurz in heißes Wasser tauchen. Die Pannacotta mit einem Messer vom Rand lösen und auf Dessertteller stürzen. Die Fruchtsauce um die Pannacotta verteilen. Die Babybananen schälen und in Scheiben schneiden. Die Minze waschen und trocken tupfen. Die Pannacotta mit den Bananenscheiben und der Minze garnieren.

Zum Abschluss gönnen wir uns auf der Rooftop-Bar des spektakulären Dreifach-Wolkenkratzers Marina Bay Sands einen Blick auf das nächtliche Singapur. Während wir die farbig illuminierte Kulisse des Finanzviertels bewundern, löffeln wir dieses leichte Dessert mit dem charakteristischen Aroma von Pandanusblättern.

TROPISCH

Mitten im Zentrum der perfekt durchorganisierten Metropole Singapur findet sich ein Stückchen scheinbar unberührte Natur. Im Bukit-Timah-Naturreservat können wir an einem Wochentag fast allein üppig dichte Vegetation erkunden, wie sie einst den ganzen Inselstaat prägte.

22° 23‘ 47.141“ N 114° 6‘ 34.189“ E

HONGKONG

In dieser faszinierenden Stadt wachsen nicht nur Hochhauswälder in die Höhe, sondern auch üppige Natur, die bis in die Häuserschluchten hineinwuchert. Überall prallen Moderne und gelebte Tradition aufeinander – nicht zuletzt in der Küche, in der deshalb ständig Neues entsteht.

Noch bis 1997 gehörte Hongkong der britischen Krone. Aber ob unter englischer oder chinesischer Ägide: Vor allem ist die Stadt einer der wichtigsten Handelsplätze der Welt.

Unermüdlich pendelt die Star Ferry zwischen dem Festland und Hongkong hin und her, und der Hafen kommt nie zur Ruhe. Diese Stadt ist immer in Bewegung.

HAUPTSACHE ROT!

WEIN TRINKEN WILL GELERNT SEIN

In einer kleinen Kunstgalerie auf Hongkong Island kommen wir mit dem Inhaber ins Gespräch. Während er uns die aktuellen Strömungen der chinesischen Avantgarde erklärt, nippt er immer wieder an einem Glas mit roter Flüssigkeit – und verzieht jedes Mal angewidert das Gesicht.

Fragend blicken wir ihn an. Er erklärt: »Seit man uns ständig und überall erzählt, wir sollten Wein trinken, bemühe ich mich wirklich, jeden Tag zwei Gläser runterzubringen. Aber er schmeckt mir einfach nicht!«
Ach ja, da war etwas. Schon bei einem Hongkong-Besuch 2009 bekamen wir mit, dass die Regierung mit einer Kampagne den Weinkonsum der Chinesen ankurbeln wollte. Selbst in Taxis wurden Weinverkostungen und Weinliteratur beworben. Dahinter steckte der Plan, Hongkong zum Weinzentrum Asiens zu machen. Schon 2008 hatte man sämtliche Steuern auf Wein abgeschafft, und als Auktionsplatz für den Traubentrank hängte die Stadt kurz darauf sogar London ab. Uns wunderte das, denn wir hatten bisher Tee, Bier und Schnaps als typisch chinesische Getränke kennengelernt. Wein führte in traditionellen Restaurants eher ein Exotendasein.

Doch dieses Mal können wir uns von dem Erfolg der Regierungskampagne überzeugen. In den eleganten Bars in Soho, dem Vergnügungsviertel auf Hongkong Island, werden nun überall offene Weine ausgeschenkt. Auch in Shopping Malls finden sich gut sortierte Weinläden mit Produkten aus allen Weltgegenden und in jeglicher Preisklasse. Nur Wein vom chinesischen Festland findet man kaum, obwohl doch dort, wie wir wissen, inzwischen gute Tropfen produziert werden.
In immer mehr Restaurants stehen Weine auf der Karte, und deutscher Riesling gilt als perfekter Begleiter für rohen Fisch und Speisen mit Tofu. Selbst in einem traditionellen kantonesischen Restaurant wird uns dieses Mal zu unserem Erstaunen als Erstes die Weinkarte gereicht.
Nur unser Galerist scheint bisher wenig angetan von dem Trendgetränk. Resigniert erklärt er: »Ich hoffe einfach, dass sich meine Geschmacksknospen mit der Zeit daran gewöhnen.«
Wir schlagen ihm vor, es doch einmal mit einem lieblichen Weißwein zu probieren. Vielleicht trifft der seinen Geschmack eher als der Rote, den er im Glas hat? Aber er stellt unmissverständlich klar: »Ein Chinese trinkt roten Wein!«
Stimmt, in der chinesischen Kultur symbolisiert die Farbe Rot ja Kraft und Stärke. Nun gut, dann bleibt uns nur noch ein Rat: es wie seine Landsleute vom Festland zu halten und den Wein mit Cola zu mischen.

DUMPLINGS

Chinesische Bedienungen schieben Wagen mit aufeinandergestapelten Bambuskörbchen von Tisch zu Tisch. Jetzt ist die richtige Zeit für Dim Sum, die Kleinigkeiten, die überall in Hongkongs Teehäusern und Restaurants von früh morgens bis in den Nachmittag hinein angeboten werden. Aus den Körbchen dampft es verführerisch. Ein kurzes Anheben des Deckels, eine lautstarke Erklärung, wir nicken, und schon stehen lauter kleine Köstlichkeiten vor uns. Für jeden der »Herzwärmer«, wie sie übersetzt heißen, drückt uns die Bedienung einen Stempel auf das Kärtchen, mit dem wir später beim Kassierer zahlen. Dann geht sie und macht Platz für den nächsten Wagen mit kleinen Küchengeheimnissen.

GLASIGE DUMPLINGS

MIT JAKOBSMUSCHELN

FÜR 4 PERSONEN ALS VORSPEISE
ZUBEREITUNGSZEIT: CA. 1 STD. 30 MIN.
PRO PORTION CA. 275 KCAL

120 g Jakobsmuscheln
60 g Kräuterseitlinge
2 Frühlingszwiebeln
10 g Ingwer
3 Stängel Koriandergrün
1 ½ EL Pilzsojasauce*
½ TL geröstetes Sesamöl*
Pfeffer
110 g Weizenstärke
80 g Kartoffelstärke
3 EL Öl
1 Stange Lauch

AUSSERDEM
Wok
doppelstöckiger Bambusdämpfkorb
Ravioliformer (nach Belieben)
helle Sojasauce zum Servieren
scharfe Chilisauce (z. B. Sambal, s. S. 323)

1 / Die Jakobsmuscheln abbrausen, trocken tupfen und sehr fein würfeln. Die Kräuterseitlinge putzen, falls nötig mit Küchenpapier abreiben und ebenfalls fein würfeln. Die Frühlingszwiebeln putzen, waschen und in Ringe schneiden. Den Ingwer schälen und fein hacken. Den Koriander waschen und trocken schütteln, das untere Ende der Stängel entfernen und die Blätter mit Stängeln fein hacken. Alle vorbereiteten Zutaten in einer Schüssel mit Sojasauce und Sesamöl mischen und mit Pfeffer würzen. Abgedeckt bis zur weiteren Verwendung in den Kühlschrank stellen.

2 / Weizenstärke und 65 g Kartoffelstärke in einer großen Schüssel mischen. 300 ml Wasser aufkochen und mit einem Holzstäbchen oder dem Kochlöffelstiel gut in die Stärkemischung einrühren, sodass ein glasiger, klebriger Teig entsteht, der durchaus noch weiße Einschlüsse haben darf. Die Mischung 5 Min. ruhen lassen.

3 / Zum Teig 2 EL Öl geben und kräftig einkneten. Die übrigen 15 g Kartoffelstärke nach und nach dazugeben (möglicherweise ist nicht die gesamte Menge nötig) und den Teig ca. 5 Min. kneten, bis er geschmeidig wird und sich vom Boden der Schüssel löst. Falls nötig, noch etwas Öl dazugeben. Den Teig zu einer Kugel formen und die Schüssel darüberstülpen. Den Teig 10 Min. darunter ruhen lassen.

4 / Inzwischen den Lauch putzen, gründlich waschen und längs halbieren. Die Böden des Bambusdämpfkorbes mit dem Lauch auslegen, dabei die Blätter leicht brechen, damit sie flach liegen bleiben.

5 / Den Teig zu einer Rolle von 2,5 cm Ø formen und in 20 Stücke teilen. Den Teig mit einem feuchten Küchentuch vor dem Austrocknen schützen. Ein Teigstück auf der Arbeitsfläche flach drücken und zu einem dünnen Kreis (ca. 8 cm Ø) ausrollen (die Arbeitsfläche muss dabei nicht bemehlt werden, weil der Teig nicht klebt). In die Mitte 1 gehäuften TL Füllung setzen und den Teig darüber zusammenklappen. Die Teigränder fest zudrücken (das geht am besten mit einem Ravioliformer). Die fertige Teigtasche in den Dämpfkorb setzen. Die übrigen ebenso formen, bis Teig und Füllung aufgebraucht sind.

6 / Die fertig geformten Teigtaschen im Wok über kochendem Wasser 6–8 Min. dämpfen, bis sie glasig sind. Sofort servieren und Soja- und Chilisauce zum Dippen dazu reichen.

DUMPLINGS

MIT SCHWEINEFLEISCH UND GARNELEN

FÜR 4 PERSONEN ALS VORSPEISE
ZUBEREITUNGSZEIT: CA. 1 STD. 30 MIN.
RUHEZEIT: CA. 10 MIN.
PRO PORTION CA. 425 KCAL

FÜR DIE FÜLLUNG
75 g rohe, geschälte Garnelen
10 g Ingwer
2 Frühlingszwiebeln
1 TL Fenchelsamen
200 g Schweinehackfleisch
1 TL geröstetes Sesamöl*
1 EL Pilzsojasauce*

FÜR DEN TEIG
175 g Weizenstärke
75 g doppelgriffiges Mehl (ersatzweise übliches Mehl, Type 405)
2 EL Öl

AUSSERDEM
1 Römersalat
Wok
doppelstöckiger Bambusdämpfkorb
Ravioliformer (nach Belieben)
helle Sojasauce zum Servieren
scharfe Chilisauce (z. B. Sambal, s. S. 323)

1 / Für die Füllung die Garnelen abbrausen, trocken tupfen und grob hacken. Den Ingwer schälen und fein hacken. Die Frühlingszwiebeln putzen, waschen und in Ringe schneiden. Die Fenchelsamen in einer Pfanne ohne Fett anrösten, bis sie duften, und dann mörsern. Alle vorbereiteten Zutaten gründlich mit dem Hackfleisch mischen und mit Sesamöl und Sojasauce würzen. Die Füllung abgedeckt kalt stellen.

2 / Für den Teig Stärke und Mehl mischen. 220 ml Wasser aufkochen, dazugießen und grob verrühren. Das Öl zugeben und den noch recht krümeligen Teig auf der unbemehlten Arbeitsfläche ca. 5 Min. kneten. Den Teig zur Kugel formen und unter der umgestülpten Schüssel ca. 10 Min. ruhen lassen.

3 / Inzwischen den Salat putzen, waschen und trocken schütteln. Die Böden des Dämpfkorbes damit auslegen.

4 / Den Teig zu einer Rolle von 2,5 cm Ø formen und in 20 Stücke teilen. Den Teig mit einem feuchten Tuch vor dem Austrocknen schützen. Ein Teigstück zu einem dünnen Kreis (ca. 8 cm Ø) ausrollen In die Mitte 1 gehäuften TL Füllung setzen und den Teig darüber halbmondförmig zusammenklappen. Die Teigränder fest zudrücken (das geht am besten mit einem Ravioliformer). Die Teigtasche in den Dämpfkorb setzen. Die übrigen ebenso formen, bis Teig und Füllung aufgebraucht sind. Die Teigtaschen im Wok über kochendem Wasser 8–10 Min. dämpfen. Mit Soja- und Chilisauce servieren.

Dumplings mit Schweinefleisch und Garnelen gehören zu den Klassikern unter den Dim-Sum-Gerichten. Häufig werden sie knusprig gebraten, und weil sie dabei im Wok gerne kleben bleiben, hat ihnen das den Namen »Potstickers« eingetragen. Aber auch gedämpft schmecken sie hervorragend.

ENTENBRUST

Manchen Restaurants in Hongkong sieht man schon von außen auf einen Blick an, was man drinnen bekommt: Ist die Spezialität des Hauses Ente, dann hängen die zubereiteten Vögel nämlich im Fenster aufgereiht. Die Ente spielt in der chinesischen Küche eine so wichtige Rolle, dass schon auf die Aufzucht des begehrten Federviehs besonderes Augenmerk gelegt wird. Einige Restaurants beziehen die Vögel von Bauernhöfen in den New Territories, dem kantonesischen Sonderverwaltungsgebiet nördlich der Stadt Hongkong. Dort werden sie nach strengen Richtlinien gezüchtet und gemästet. Dem Anblick der marinierten und kross gebratenen Enten können auch wir nicht widerstehen – und sind begeistert.

KNUSPRIGE ENTENBRUST

MIT GEWÜRZEIERN

FÜR 4 PERSONEN ALS VORSPEISE
ZUBEREITUNGSZEIT: CA. 40 MIN.
GARZEIT: CA. 30 MIN. + 10 MIN. + 1 STD.
RUHEZEIT: CA. 10 MIN. + 24 STD. + 20 MIN.
PRO PORTION CA. 280 KCAL

FÜR DIE ENTENBRÜSTE

10 g Ingwer
2 TL Fünf-Gewürze-Pulver* (Asienladen)
2 EL süße Sojasauce*
1 EL Hoisinsauce*
1 TL Honig
2 kleine Entenbrüste (à 150–200 g)
2 TL Maisstärke

FÜR DIE GEWÜRZEIER

2 Eier
5 g Ingwer
1 EL Jasminteeblätter (Asienladen)
½ Zimtstange
1 Sternanis
3 EL süße Sojasauce*

FÜR GARNITUR UND SAUCE

2 EL ungeröstete Erdnusskerne (Asienladen)
20 g Koriandergrün
1 chinesische Frühlingszwiebel (Asienladen; ersatzweise 1 Frühlingszwiebel)
1 frische rote Chilischote
2 EL Chinkiang-Essig*
1 TL geröstetes Sesamöl*

AUSSERDEM

Holz-Schaschlikspieß
Wok
Bambusdämpfkorb
Gewichte zum Beschweren oder 2 Bretter und Schraubzwingen
1 EL Öl zum Braten

1 / Am Vortag für die Entenbrüste den Ingwer schälen, in feine Streifen schneiden und mit Fünf-Gewürze-Pulver, Sojasauce, Hoisinsauce und Honig zu einer Marinade verrühren.

2 / Die Entenbrüste abbrausen und trocken tupfen, dann mit der Haut nach oben auf einen Teller mit Rand legen, der in den Bambusdämpfkorb passt. Die Haut mit dem Schaschlikspieß mehrmals einstechen, noch einmal mit Küchenpapier gut trocken tupfen und mit der Marinade bestreichen. Die Entenbrüste bei Zimmertemperatur 10 Min. marinieren lassen.

3 / Den Teller in den Bambusdämpfkorb stellen, den Deckel aufsetzen und die Entenbrüste im Wok über kochendem Wasser 25–30 Min. dämpfen. Abkühlen lassen und die Entenbrüste vorsichtig aus dem Dämpfkorb nehmen. Den Entenfond, der sich auf dem Teller gesammelt hat, auffangen und abgedeckt kalt stellen.

4 / Die Entenbrüste nebeneinander locker in Frischhaltefolie wickeln und mit 3–4 Kilo beschweren (dafür eignen sich z. B. Konservendosen) oder mit einer Schraubzwinge zwischen zwei Brettern pressen. Die Entenbrüste 24 Std. im Kühlschrank ruhen lassen.

5 / Ebenfalls am Vortag für die Gewürzeier die Eier mit einer Nadel anstechen und in kochendem Wasser in ca. 10 Min. hart kochen. Kalt abschrecken und die Schale vorsichtig mit einem Löffelrücken anschlagen, bis sie rundum Risse bekommt.

6 / Den Ingwer in zwei Scheiben schneiden und mit Eiern, Jasmintee, Zimtstange, Sternanis und Sojasauce in einen möglichst kleinen Topf geben. So viel kaltes Wasser zugießen, dass alles bedeckt ist, aufkochen und bei kleiner Hitze zugedeckt 1 Std. köcheln lassen. Falls das Wasser zu schnell verdampft, noch etwas nachgießen. Den Topf vom Herd nehmen, abkühlen lassen und die Eier in ihrem würzigen Sud über Nacht in den Kühlschrank stellen.

7 / Am nächsten Tag die Entenbrüste aus der Folie wickeln. Die Maisstärke mit 1 EL Wasser verrühren. Die Haut der Entenbrüste mit der Stärkemischung einpinseln und ca. 20 Min. antrocknen lassen. Die Gewürzeier aus dem Sud nehmen, pellen und längs vierteln.

8 / Für die Garnitur die Erdnüsse in einer Pfanne ohne Fett goldbraun rösten und im Mörser grob zerkleinern. Den Koriander waschen, trocken schütteln und die Blätter abzupfen. Die Frühlingszwiebel putzen, waschen und in Ringe schneiden. Die Chilischote längs halbieren, entkernen, waschen und in feine Ringe schneiden. Erstarrtes Fett vom beiseitegestellten Entenfond abheben und 6 EL Fond mit Chinkiang-Essig und Sesamöl zu einer Sauce verrühren.

9 / In einer beschichteten Pfanne 1 EL Öl erhitzen und die Entenbrüste bei großer Hitze in 1–2 Min. auf der Hautseite knusprig anbraten. Die Brüste herausnehmen und auf einer dicken Lage Küchenpapier entfetten.

10 / Die Entenbrüste in dünne Scheiben schneiden und auf vier Teller verteilen. Eier, Erdnüsse, Koriander, Frühlingszwiebel und Chilis mit 5 EL von der Sauce mischen und neben die Entenscheiben setzen. Die restliche Sauce über den Entenscheiben verteilen.

Bei einem unserer Streifzüge durch die Nebenstraßen von Hongkong Island entdecken wir per Zufall einen »Hidden Spot«, ein geheimes Privatlokal, ähnlich unseren Supperclubs. Was für ein Glück! Aus dem Überraschungsmenü gefällt uns besonders dieses Fischgericht, dem die getrockneten Lilienblüten besonderen Duft verleihen.

GEDÄMPFTER FISCH

MIT LILIENBLÜTEN

FÜR 2 PERSONEN
ZUBEREITUNGSZEIT: CA. 30 MIN.
GARZEIT: CA. 10 MIN.
EINWEICHZEIT: CA. 10 MIN.
PRO PORTION CA. 370 KCAL

25 getrocknete Lilienblüten (Asienladen oder Internethandel)
50 g Glasnudeln
400 g weißfleischiges Fischfilet (z. B. Heilbutt oder Kabeljau-Loins)
Pfeffer
50 ml helle Sojasauce
½ TL Palmzucker*, gerieben
50 ml Geflügelfond (ersatzweise Hühnerbrühe)
8 kleine Shiitake (Pilze)
25 g Ingwer
3 Frühlingszwiebeln
15 g Koriandergrün

AUSSERDEM
Wok
Bambusdämpfkorb

1 / Lilienblüten und Glasnudeln getrennt voneinander in Schüsseln mit kochendem Wasser übergießen und jeweils ca. 10 Min. einweichen lassen.

2 / Den Fisch waschen, trocken tupfen, in zwei Stücke schneiden und mit etwas Pfeffer würzen. Die Sojasauce mit Palmzucker und Fond oder Brühe verrühren. Die Pilze putzen, falls nötig mit Küchenpapier abreiben, die Stiele entfernen und die Pilzkappen in Scheiben schneiden. Den Ingwer schälen und in feine Stifte schneiden.

3 / Lilienblüten und Glasnudeln abgießen und die harten Enden der Lilienblüten entfernen. Glasnudeln und Lilienblüten auf einen Teller mit Rand geben, der in den Dämpfkorb passt. Pilze und Ingwer über den Lilienblüten verteilen. Den Fisch daraufsetzen und mit der Sauce begießen.

4 / Den Teller in den Dämpfkorb stellen, den Deckel auflegen und alles im Wok über kochendem Wasser 8–10 Min. dämpfen, bis sich der Fisch bei Berührung mit einem Messer blättrig teilen lässt, aber innen noch glasig ist.

5 / Inzwischen die Frühlingszwiebeln putzen, waschen und erst längs in Streifen, dann in ca. 5 cm lange Stücke schneiden. Den Koriander waschen, trocken schütteln und die Blätter abzupfen. Den Fisch mit Frühlingszwiebeln und Korianderblättern bestreut servieren.

KROSSES RINDFLEISCH

MIT ORANGE UND PEKANNÜSSEN

Von den Hügeln rund um die Stadt bieten sich fantastische Rundblicke. Und dann finden wir auch noch in einer kleinen Garküche dieses wunderbare Rindfleischgericht. Perfekt!

FÜR 2 PERSONEN | ZUBEREITUNGSZEIT: CA. 45 MIN.
PRO PORTION CA. 930 KCAL

1 Ei | 3 EL Maisstärke | 1 EL helle Sojasauce | 2 TL Fünf-Gewürze-Pulver* | 350 g Rindfleisch (Hüfte) | 90 g Pekannusskerne | 10 g Ingwer | 1 getrocknete Chilischote | 1 Bio-Zitrone | 2 Orangen | 1 EL Honig | 1 TL Chinkiang-Essig* | 2 EL helle Sojasauce | 1 Kaffir-Limettenblatt | AUSSERDEM: Öl zum Braten

1 / Das Ei mit Maisstärke, Sojasauce und Fünf- Gewürze-Pulver verquirlen. Das Rindfleisch in Streifen schneiden und gut mit dem gewürzten Ei vermischen.

2 / In einem Wok oder einer hohen Pfanne ca. 1 cm hoch Öl erhitzen, bis an einem Holzstäbchen sofort viele kleine Bläschen aufsteigen. Die Rindfleischstreifen darin portionsweise in 2–3 Min. knusprig braun frittieren. Herausnehmen und auf Küchenpapier entfetten. Die Pekannüsse im Öl ca. 1 Min. rösten, ebenfalls entfetten.

3 / Den Ingwer schälen und fein hacken. Die Chilischote entkernen und zerbröseln. Die Zitrone heiß abwaschen, trocknen und die Schale mit einem Sparschäler dünn abschälen. Die Orangen auspressen. Den Orangensaft mit der Zitronenschale offen bei großer Hitze auf ein Drittel einkochen. Ingwer, Chili, Honig, Essig und Sojasauce unterrühren, die Zitronenschale entfernen und alles in 10–12 Min. sirupartig einköcheln.

4 / Fleisch und Pekannüsse unterrühren. Das Limettenblatt ohne Mittelrippe in feine Streifen schneiden und über das Fleisch streuen.

RINDFLEISCH

MIT SCHWARZEN BOHNEN

Die Würze fermentierter schwarzer Bohnen ist aus der kantonesischen Küche nicht wegzudenken. Es gibt sie, auch unter den Namen Douchi, im Asienladen im Beutel zu kaufen.

ZUTATEN FÜR 2 PERSONEN | ZUBEREITUNGSZEIT: 30 MIN.
PRO PORTION CA. 485 KCAL

1 EL chines. fermentierte schwarze Bohnen (Asienladen) | 2 EL Geflügelfond (ersatzweise Hühnerbrühe) 1 EL helle Sojasauce | 1 EL Austernsauce* | 1 EL geröstetes Sesamöl* | ½ TL brauner Zucker | 3 Knoblauchzehen | 1 getrocknete Chilischote | 1 Möhre | 1 Stange Staudensellerie | 1 kleine Zwiebel (ca. 60 g) | 350 g Rindfleisch (Hüfte) | 3 Stängel Koriander | 1 EL Öl

1 / Die Bohnen kalt abbrausen, abtropfen lassen und mit Fond oder Brühe, Sojasauce, Austernsauce, Sesamöl und Zucker mischen.

2 / Den Knoblauch schälen und fein hacken. Die Chilischote entkernen und zerbröseln. Die Möhre putzen, schälen und in feine Stifte schneiden. Den Staudensellerie waschen, putzen, falls nötig entfädeln und in ca. 5 cm lange Stifte schneiden. Die Zwiebel schälen und in Spalten schneiden.

3 / Das Rindfleisch von Sehnen und Fett befreien, dann in Streifen schneiden. Den Koriander waschen, trocken schütteln und die Blätter abzupfen.

4 / Das Öl in einer Pfanne erhitzen. Den Knoblauch darin bei mittlerer Hitze in 1–2 Min. goldgelb anbraten. Chilis, Möhre, Sellerie und Zwiebel 1–2 Min. mitbraten. Das Fleisch dazugeben und bei großer Hitze 2–3 Min. braten. Die Würzmischung angießen und alles noch 1–2 Min. pfannenrühren. Mit dem Koriander bestreut servieren.

SCHWEINEBAUCH

Die Rolltreppe trägt uns direkt durch die Häuserschluchten. Insgesamt 800 Meter lang, führt sie auf Hongkong Island in mehreren Abschnitten vom Central Market bis zu den Mid-Levels, einem begehrten Wohnviertel an den steilen Hängen des Victoria Peaks. Auf halber Höhe verlassen wir den Central Escalator und verlieren uns in dem Gewirr kleiner Straßen zwischen Läden mit exotischen Auslagen, Hausaltären und Garküchen. Schon nachmittags, wenn die Bewohner der Mid-Levels von der Arbeit kommen, herrscht in den Bars und Pubs reger Betrieb – ein Rest britischer Tradition in der ehemaligen Kronkolonie. In einem der vielen Restaurants probieren wir diesen Klassiker der chinesischen Küche.

SCHWEINEBAUCH

DOPPELT GEGART MIT WACHTELEIERN

- 600 g flacher, magerer Schweinebauch (ohne Knochen, mit Schwarte, max. 5 cm dick)
- 1 Bio-Zitrone
- 15 g Ingwer
- 1,25 l Meisterbrühe (s. S. 323, falls nötig mit Hühnerbrühe auf die benötigte Menge auffüllen und abschmecken)
- 1 Sternanis
- 1 Zimtstange
- 1 EL Pilzsojasauce*
- 1 EL süße Sojasauce*
- 1 EL Chinkiang-Essig*
- 8 Wachteleier
- 200 g Thai-Spargel (Asienladen; ersatzweise grüner Spargel)
- 1 EL Öl zum Braten

AUSSERDEM

- Pergamentpapier
- Gewichte zum Beschweren oder 2 Bretter und Schraubzwingen

FÜR 4 PERSONEN
ZUBEREITUNGSZEIT: CA. 35 MIN.
SCHMORZEIT: CA. 3 STD.
BACKZEIT: CA. 30 MIN.
RUHEZEIT: MIND. 12 STD.
PRO PORTION CA. 505 KCAL

1 / Am Vortag den Backofen auf 140° vorheizen und den Schweinebauch mit der Schwarte nach oben in einen Schmortopf legen.

2 / Die Zitrone heiß abwaschen, trocknen und die Schale mit einem Sparschäler dünn ohne das Weiße abschälen. Den Ingwer schälen und fein hacken. Die Meisterbrühe mit Zitronenschale, Ingwer, Sternanis und Zimtstange in einem zweiten Topf aufkochen und heiß über den Schweinebauch gießen. Er sollte knapp bedeckt sein.

3 / Den Schmortopf erst mit einem Bogen Pergamentpapier, dann mit Alufolie oder einem Deckel verschließen und in den Backofen (2. Schiene von unten) stellen. Den Schweinebauch ca. 3 Std. im Backofen schmoren lassen, bis er weich ist. Herausnehmen und abkühlen lassen.

4 / Den Schweinebauch aus der Brühe heben und in Frischhaltefolie wickeln, auf einen Teller legen und mit einem Brett und Gewichten beschweren (z. B. Konservendosen) oder zwischen zwei Brettern mit zwei Schraubzwingen pressen. Mind. 12 Std. im Kühlschrank ruhen lassen.

5 / Inzwischen das Fett von der Meisterbrühe abschöpfen (oder nach dem Erkalten abheben), die Brühe durch ein feines Sieb gießen. 300 ml für die Sauce abmessen (den Rest zur späteren Verwendung am besten portionsweise einfrieren).

6 / Am nächsten Tag den Backofen auf 180° vorheizen. Den Schweinebauch aus der Folie nehmen, in ca. 5 cm große Quadrate schneiden und auf einen Bratrost legen. Den Rost über der Saftpfanne in den Backofen (Mitte) einschieben. Den Schweinebauch in ca. 30 Min. goldbraun und knusprig backen. In den letzten 5 Min. den Grill zuschalten, damit die Kruste knusprig wird.

7 / In der Zwischenzeit die abgemessene Meisterbrühe in einem Topf aufkochen und offen bei großer Hitze um ein Drittel einkochen lassen. Mit den beiden Sorten Sojasauce und dem Essig abschmecken und bei kleiner Hitze warm halten.

8 / Die Wachteleier in einem Topf mit Wasser in ca. 5 Min. hart kochen, kalt abschrecken und pellen. Den Thai-Spargel waschen, putzen und in ca. 4 cm lange Stücke schneiden (grünen Spargel im unteren Drittel schälen und längs halbieren, dann erst in Stücke schneiden). Das Öl in einer beschichteten Pfanne erhitzen und den Thai-Spargel darin bei mittlerer Hitze in ca. 3 Min. (grünen Spargel in ca. 5 Min.) unter häufigem Rühren bissfest braten.

9 / Die Wachteleier kurz vor dem Servieren 1–2 Min. in der Meisterbrühe-Sauce warm werden lassen. Den Schweinebauch auf tiefe Teller verteilen und mit etwas Sauce umgießen. Die Eier halbieren und mit dem Spargel dazu anrichten.

GRÜNTEE-PANNACOTTA

MIT STERNANIS-ORANGEN-SAUCE

Lamma Island, eine der vorgelagerten Inseln, lockt mit weißen Sandstränden und grünen Hügeln, aber auch mit pittoresken Restaurants. Neben fangfrischen Meeresdelikatessen genießen wir dort im Licht der untergehenden Sonne auch dieses Dessert.

FÜR 4 PERSONEN
ZUBEREITUNGSZEIT: CA. 15 MIN.
GARZEIT: CA. 20 MIN.
RUHEZEIT: MIND. 4 STD.
PRO PORTION CA. 435 KCAL

3 TL grüne Darjeeling-Teeblätter
3 Blatt Gelatine
400 g Sahne
90 g Zucker
1 Prise geriebene Tonkabohne
(gut sortierter Supermarkt)
500 ml Orangensaft
2 Sternanise

AUSSERDEM

4 Portionsförmchen

1 / 150 ml Wasser aufkochen, die Teeblätter damit übergießen, 3 Min. ziehen lassen und durch ein feines Sieb abgießen. Der Tee sollte aromatisch und kräftig schmecken. Die Gelatine in etwas kaltem Wasser einweichen. Die Sahne mit 100 ml Tee, Zucker und Tonkabohne bis kurz unter dem Siedepunkt erhitzen. Die Gelatine gut ausdrücken und unter Rühren in der Sahne-Tee-Mischung auflösen.

2 / Die Sahne-Tee-Mischung durch ein kleines Sieb in die Förmchen füllen und abgedeckt mind. 4 Std. (oder über Nacht) in den Kühlschrank stellen.

3 / Orangensaft und Sternanise in einem kleinen Topf erhitzen und bei kleiner Hitze in ca. 20 Min. auf ungefähr ein Viertel einkochen. Die Sauce durch ein Sieb gießen und vollständig abkühlen lassen.

4 / Zum Servieren die Förmchen kurz in heißes Wasser tauchen. Die Pannacotta mit einem scharfen Messer vom Rand lösen und auf Dessertteller stürzen. Die Pannacotta mit der Fruchtsauce anrichten und sofort servieren.

VERBORGEN

Mitten im Hochhauswald von Causeway Bay liegt eine winzige Gartenanlage mit einem alten buddhistischen Tempel, dessen Inneres von großen goldenen Figuren bewacht wird. Beim Betreten der Anlage schlägt uns der Qualm dutzender Räucherspiralen entgegen. Ein alter Mann schlurft mit seiner Teetasse vorbei und nickt uns zu. Im Hintergrund kocht Suppe. Auch hier geht es also durchaus weltlich zu …

9° 33' 20.341" N 138° 8' 23.723" E

YAP

Das kleine Paradies Yap liegt noch weitgehend unberührt vom Tourismus in der weiten Inselwelt Mikronesiens. Viele alte Traditionen gehören hier nach wie vor ganz selbstverständlich zum Leben dazu. Als Besucher tauchen wir in eine faszinierende Kultur ein – von der paradiesischen Natur ganz zu schweigen!

Fasziniert entdecken wir die einzigartige Kultur der Yapesen mit ihrem Steingeld und den Männerhäusern.

Die wenigen Touristen kommen allerdings in erster Linie, um mit Mantarochen zu tauchen.

ZU GROSS FÜR DEN GELDBEUTEL

AUF DER INSEL DES STEINGELDES

»Yap alleine erkunden? Hier darf noch nicht einmal die Polizei bei der Verbrecherjagd eine Siedlung betreten, wenn der Dorfälteste nicht zugestimmt hat!«, erklärt John, der Rezeptionist unseres Guesthouses. Langsam wird uns klar, dass in dieser Ecke der weiten Inselwelt Mikronesiens ganz eigene Gesetze gelten.

Zum Glück steht am nächsten Morgen Tony vor der Tür, der einheimische Führer, den uns John vermittelt hat. Mit ihm fahren wir über die kleine Insel, auf der das pazifische Leben noch seinen sehr traditionellen Gang geht. In den Siedlungen fallen uns die spitzgiebligen Häuser mit ihren kunstvoll verschnürten Balken auf. Sogar die Männer- und Versammlungshäuser dürfen wir in Tonys Begleitung näher in Augenschein nehmen. Hier wohnen die Junggesellen, und hier versammeln sich die Männer, um ihre Geschichten zu erzählen und wichtige Entscheidungen zu treffen. Direkt neben den malerischsten Gebäuden fallen uns Steinscheiben auf, teils überwachsen, teils in den Boden eingesunken. »Steingeld«, erklärt uns Tony. Wir sehen hier den Reichtum ganzer Familien und Dörfer vor uns. Stehlen fast unmöglich:

Transportiert werden können die Steine mit ihren bis zu 4 Metern Durchmesser nur mit einer Tragestange, die durch das Loch in der Mitte gesteckt wird, und mit sehr viel Muskelkraft.

Einst entdeckten die Yapesen auf der 450 Kilometer entfernten Nachbarinsel Palau das Mineral Aragonit und waren so begeistert, dass sie es zum Zahlungsmittel erklärten. Es zu beschaffen war mühevoll. In kleinen Auslegerkanus waren die Männer selbst bei gutem Wetter viele Tage bis Palau unterwegs. Um das begehrte Gestein abbauen zu dürfen, überbrachten sie den dortigen Häuptlingen Geschenke und mussten sich zusätzlich längere Zeit als Arbeiter verdingen. Erst nach Jahren konnten sie das Steingeld an Bord ihrer Kanus bringen und sich auf die ebenso gefahrvolle Rückreise machen.

Die Steinscheiben, die tatsächlich Yap erreichten, waren entsprechend viel wert; umso mehr, je größer und schöner sie waren. Auch heute wird das Steingeld noch bei der Übertragung von Landrechten eingesetzt. Bis 1990 akzeptierte sogar die Bank of Hawaii Steingeld von Yap als Kreditsicherheit. Nur bewegt werden die Scheiben nicht mehr. Wem welches Steinrad gehört, das wissen die Dorfältesten auch so genau.

Für alltägliche Tauschgeschäfte bediente man sich schon früher lieber bestimmter Perlmuscheln. Doch selbst auf Yap begegnet einem dieses Muschelgeld nur noch als Folklore. Auch unser Fahrer Tony erwartet inzwischen eine Bezahlung in US-Dollar.

FISCHKUCHEN

MIT ANANAS-SALSA

FÜR 4 PERSONEN ALS VORSPEISE
ZUBEREITUNGSZEIT: CA. 40 MIN.
PRO PORTION CA. 220 KCAL

½ Ananas (ca. 750 g)
1 TL geröstetes Sesamöl*
1 frische rote Chilischote
10 g Ingwer
4 Stängel Koriandergrün
1 Stängel Zitronengras*
450 g weißfleischiges Fischfilet (z. B. Kabeljau-Loins)
2 EL rote Currypaste (selbst gemacht, s. S. 323, oder aus dem Asienladen)
1 ½ EL Fischsauce*
1 Ei (M)
½ rote Paprika
2 Frühlingszwiebeln

AUSSERDEM
Öl zum Braten

1 / Die Ananas schälen, ohne Strunk in Scheiben schneiden und mit dem Sesamöl mischen. 1 EL Öl in einer Pfanne erhitzen, die Ananas mit Saft dazugeben und unter Wenden bei mittlerer Hitze in 3–4 Min. etwas bräunen lassen. Herausnehmen und abkühlen lassen. Die Ananasscheiben in kleine Würfel schneiden, dabei den Saft auffangen. Die Chilischote längs halbieren, entkernen, waschen und in feine Ringe schneiden. Den Ingwer schälen und fein hacken. Den Koriander waschen, trocken schütteln und die Blätter grob hacken. Chili, Ingwer und Koriander mit Ananas und Saft mischen.

2 / Vom Zitronengras die Hüllblätter entfernen und das untere Drittel fein hacken. Das Fischfilet falls nötig von Gräten und Häuten befreien und in Würfel schneiden. Fisch, Zitronengras, Currypaste, Fischsauce und Ei mit dem Pürierstab zu einer glatten Masse verarbeiten. Die Paprikahälfte mit dem Sparschäler schälen, weiße Trennwände und Kerne entfernen, die Hälfte waschen und fein würfeln. Die Frühlingszwiebeln putzen, waschen und in Ringe schneiden. Paprika und Frühlingszwiebelringe unter die Fischmasse heben.

3 / Mit feuchten Händen aus der Fischmasse acht flache Küchlein formen. In einer beschichteten Pfanne 1 EL Öl erhitzen und vier Fischküchlein darin bei mittlerer Hitze von beiden Seiten in je 3–4 Min. goldbraun anbraten. Auf Küchenpapier entfetten und warm halten, bis auch die übrigen Fischküchlein gebraten sind. Mit der Ananas-Salsa servieren.

Traditionell wird Essen auf Yap außerhalb des Wohnhauses zubereitet. Dabei bekocht die Frau des Hauses die Familienmitglieder nacheinander. Die Frauen sind auch zuständig für die Gartenarbeit, während sich die Männer um den Fischfang kümmern. In diesem Rezept werden die Früchte beider Arbeiten kombiniert.

Die Bewohner von Yap haben zwar mehrere Phasen kolonialer Fremdherrschaft mitgemacht, sich aber ihre ursprüngliche Lebensweise weitgehend bewahrt. In dieser Tomatensuppe erahnen wir allerdings doch den einen oder anderen Einfluss von außen.

TROPISCHE TOMATENSUPPE

MIT MINZE

FÜR 4 PERSONEN

ZUBEREITUNGSZEIT: CA. 35 MIN.

GARZEIT: CA. 50 MIN.

PRO PORTION CA. 115 KCAL

1 kleine Zwiebel
1 Knoblauchzehe
10 g Ingwer
2 Korianderwurzeln*
1 kg Tomaten
2 Stängel Zitronengras*
4 Stängel Basilikum
7 Stängel Minze
4 Stängel Koriander
1 Zweig Thymian
1 getrocknete Chilischote
1 EL Öl
275 ml Hühnerbrühe
2 Frühlingszwiebeln
2 EL Kokoscreme (s. S. 8 f.)
Salz | Pfeffer
Zucker

1 / Zwiebel, Knoblauch und Ingwer schälen und fein hacken. Die Korianderwurzel waschen, putzen und hacken. Die Tomaten kreuzweise einritzen, mit kochendem Wasser überbrühen, häuten und halbieren. Stielansatz und Kerne entfernen und das Fruchtfleisch grob würfeln. Vom Zitronengras die äußeren Hüllblättern entfernen und die Stängel mit dem Messerrücken kräftig aufklopfen. Basilikum, Minze, Koriander und Thymian waschen und trocken schütteln. 3 Stängel Minze beiseitelegen, von den übrigen Kräutern die Blätter abzupfen und grob hacken. Die Chilischote entkernen und zerbröseln.

2 / Das Öl in einem Topf erhitzen und Zwiebel, Knoblauch, Ingwer und Korianderwurzel darin unter Rühren bei mittlerer Hitze 2–3 Min. anbraten, bis die Zwiebeln glasig sind. Tomaten, Zitronengras, Kräuter und Chili zufügen und unter Rühren 5 Min. mitbraten. Die Brühe angießen und die Suppe zugedeckt bei kleiner Hitze ca. 45 Min. köcheln lassen.

3 / Inzwischen die Frühlingszwiebeln putzen, waschen und in Ringe schneiden. Die Blätter der restlichen 3 Stängel Minze abzupfen und in Streifen schneiden.

4 / Die Suppe durch ein feines Sieb streichen und wieder erhitzen. Die Kokoscreme einrühren und alles mit Salz, Pfeffer und Zucker abschmecken. Die Suppe auf vier Schalen verteilen und mit Frühlingszwiebeln und Minze bestreuen.

YAP

Es ist auf Yap auch heute noch üblich, dass Frauen nur von der Taille abwärts bekleidet sind. Nicht nur beim Einkaufen, auch im Restaurant treffen wir daher immer wieder auf barbusige Frauen. Die Oberschenkel öffentlich zu zeigen gilt dagegen als anstößig, und zwar für Frauen wie für Männer. Letztere tragen meistens aus Blättern geflochtene Taschen unter dem Oberarm, in denen sie alles mitführen, was sie brauchen – vor allem Betelnüsse. Die sind in Mikronesien das Rauschmittel der Wahl; unschwer zu erkennen an den rotbraun verfärbten Zähnen. Wir konzentrieren uns allerdings lieber auf die harmloseren Hochgefühle, die gutes Essen wie dieser leichte, frische Salat auslösen kann.

AUBERGINEN-ANANAS-SALAT

MIT KOKOS

FÜR 4 PERSONEN ALS VORSPEISE
ZUBEREITUNGSZEIT: CA. 30 MIN.
GARZEIT: CA. 20 MIN.
RUHEZEIT: CA. 1 STD.
PRO PORTION CA. 150 KCAL

1 frische rote Chilischote
10 g Ingwer
4 EL Limettensaft
2 EL helle Sojasauce
1 TL brauner Zucker
Salz | Pfeffer
1 kleine Aubergine
3 EL Öl
¼ Ananas (ca. 350 g)
1 kleine Schalotte
1 Mini-Salatgurke
1 Frühlingszwiebel
1 Knoblauchzehe
2 EL frisch geriebene Kokosnuss
(ersatzweise Kokosraspel)
¼ Bund Koriandergrün

1 / Die Chilischote längs halbieren, entkernen, waschen und in feine Ringe schneiden. Den Ingwer schälen und fein hacken. Beides mit Limettensaft, Sojasauce und Zucker zu einem Dressing verrühren, salzen und pfeffern.

2 / Die Aubergine waschen und in kleine Würfel schneiden. 2 EL Öl in einem Topf erhitzen und die Aubergine darin bei mittlerer Hitze 2–3 Min. anbraten, dann zugedeckt in 15–20 Min. weich schmoren. Etwas abkühlen lassen.

3 / In der Zwischenzeit die Ananas schälen, vom Strunk befreien und in kleine Stücke schneiden. Die Stücke in 1 EL Öl bei mittlerer Hitze in 3–4 Min. goldbraun anbraten. Die Schalotte schälen und in feine Ringe schneiden. In einer Schüssel Aubergine, Ananas und Schalotte mit dem Dressing mischen und abgedeckt ca. 1 Std. bei Zimmertemperatur ziehen lassen, dabei zwischendurch umrühren.

4 / Die Gurke schälen, längs halbieren, die Samen mit einem Teelöffel herauskratzen und die Gurke würfeln. Die Frühlingszwiebel putzen, waschen und erst längs in Streifen, dann quer in ca. 3 cm lange Stücke schneiden. Den Knoblauch schälen und fein hacken. Die geriebene Kokosnuss in einer Pfanne ohne Fett goldgelb rösten. Den Koriander waschen, trocken schütteln und die Blätter hacken. Alle vorbereiteten Zutaten unter das Auberginengemüse heben und den Salat sofort servieren.

SASHIMI

MIT SPINAT-PANCAKES

Die Zeit der japanischen Besatzung zwischen den Weltkriegen hat Spuren auf der Insel hinterlassen: nicht nur das alte japanische Flugfeld mit Flugzeugteilen und Flakstellungen, die im Dschungel vor sich hin rosten. Auch Sushi und Sashimi finden sich fast immer auf den Speisekarten.

FÜR 4 PERSONEN ALS VORSPEISE
ZUBEREITUNGSZEIT: CA. 30 MIN.
PRO PORTION CA. 245 KCAL

200 g Thunfisch (Sushi-Qualität)
1 Salatgurke
2 Frühlingszwiebeln
1 EL geröstetes Sesamöl*
Salz
100 g Baby-Spinat
1 Schalotte
3 Knoblauchzehen
2 Eier (M)
Pfeffer
Muskatnuss, frisch gerieben
2 EL Öl

AUSSERDEM
Wasabi-Paste zum Servieren
helle Sojasauce zum Servieren

1 / Den Thunfisch waschen, trocken tupfen und quer zur Faser in dünne Scheiben schneiden. Dabei feste Fasern entfernen. Die Gurke putzen, schälen, längs halbieren, die Samen mit einem Teelöffel herauskratzen und die Gurke in dünne Scheiben schneiden. Die Frühlingszwiebeln putzen, waschen und in Ringe schneiden. Gurke und Frühlingszwiebeln mit dem Sesamöl mischen und mit Salz abschmecken.

2 / Den Spinat waschen, trocken schleudern und grob hacken. Schalotte und Knoblauch schälen und fein hacken. Die Eier verquirlen und Spinat, Schalotte und Knoblauch untermischen. Mit Salz, Pfeffer und Muskat würzen.

3 / Das Öl in einer beschichteten Pfanne erhitzen. Mit einem Löffel vier Pancakes in die Pfanne setzen und bei mittlerer Hitze in 2–3 Min. stocken lassen. Sobald die Unterseite leicht gebräunt ist, wenden und in weiteren 2–3 Min. fertig braten. Die Pancakes auf vier Teller verteilen und Thunfischscheiben und Salat daneben anrichten. Wasabi und die Sojasauce zum Dippen dazu servieren.

FISCH

MIT OKRASCHOTEN UND TOMATEN

FÜR 2 PERSONEN
ZUBEREITUNGSZEIT: CA. 45 MIN.
PRO PORTION CA. 400 KCAL

5 getrocknete Chilischoten
1 Zwiebel (ca. 80 g)
3 Knoblauchzehen
15 g Ingwer
15 g Galgant*
2 TL gemahlene Kurkuma
8 Okraschoten*
2 Stängel Zitronengras*
3 Tomaten
350 g weißfleischiges Fischfilet (z. B. Seeteufel)
½ Bund Koriandergrün
2 EL Öl
1 EL Gewürzmischung für Fisch und Huhn (s. S. 322)
75 g Kokosmilch (s. S. 8 f.)
100 ml Geflügelfond (ersatzweise Hühnerbrühe)
2 EL Tamarindenpaste*
2 EL Fischsauce*
1 EL Limettensaft
1 TL Salz
1 TL brauner Zucker

1 / Die Chilischoten entkernen und in kochendem Wasser ca. 10 Min. einweichen. Die Zwiebel schälen und würfeln. Knoblauch, Ingwer und Galgant schälen und fein hacken. Die Chilis abgießen und mit den vorbereiteten Zutaten und Kurkuma mithilfe des Pürierstabs zu einer glatten Paste verarbeiten.

2 / Die Okraschoten waschen, putzen und in ca. 3 cm lange Stücke schneiden. Zitronengras waschen, am unteren Ende mit dem Messerrücken kräftig aufklopfen. Die Tomaten einritzen, überbrühen, häuten und ohne Stielansatz und Kerne grob würfeln. Den Fisch waschen, trocken tupfen und in nicht zu kleine Würfel schneiden. Den Koriander waschen, trocken schütteln, die Blätter abzupfen und grob hacken.

3 / 1 EL Öl in einer beschichteten Pfanne erhitzen und die Okraschoten darin bei großer Hitze ca. 2 Min. unter Rühren anbraten. Herausnehmen. Die Würzpaste in dem übrigen EL Öl bei mittlerer Hitze unter Rühren 3–4 Min. hellbraun anbraten. Die Gewürzmischung dazugeben und ca. 1 Min. mitbraten. Kokosmilch und Fond oder Brühe angießen, Zitronengras, Tamarindenpaste und Fischsauce zugeben und alles bei mittlerer Hitze 4–5 Min. köcheln lassen.

4 / Tomaten und Okra in die Sauce geben und 2–3 Min. mitköcheln. Die Sauce mit Limettensaft, Salz und Zucker abschmecken. Den Fisch darin bei kleinster Hitze in 5–6 Min. gar ziehen lassen. Mit Koriandergrün bestreut servieren.

Ursprünglich existierte auf Yap ein strenges Kastensystem, das jedem Einzelnen sowie ganzen Dörfern jeweils einen bestimmten Rang zuwies. Auf- und Abstieg hingen vom Erfolg in den Rivalitätskämpfen der Dörfer ab. Unterlegene Dörfer mussten manchmal in Kauf nehmen, dass besonders begehrte Fische und Meeresfrüchte für sie zum Tabu erklärt wurden. Zum Glück merken wir davon nichts mehr, sondern bekommen in den wenigen Restaurants wirklich köstlichen Fisch serviert.

WÜRZIGES SCHWEINEFLEISCH

MIT INGWER

FÜR 4 PERSONEN
ZUBEREITUNGSZEIT: CA. 40 MIN.
PRO PORTION CA. 250 KCAL

100 g Shiitake (Pilze)
1 Möhre
20 g Ingwer
3 Knoblauchzehen
500 g Schweinefilet
1 kleine Zwiebel
3 Frühlingszwiebeln
1 frische rote Chilischote (fingerlang)
15 g Koriandergrün
3 EL Öl
2 EL Fischsauce*
3 EL Austernsauce*
Pfeffer
1 Limette

1 / Die Pilze putzen, falls nötig mit Küchenpapier abreiben, den Stiel entfernen und die Pilzköpfe vierteln. Die Möhre putzen, schälen und in ca. 4 cm lange Stifte schneiden. Ingwer und Knoblauch schälen. Den Ingwer in feine Streifen schneiden, den Knoblauch fein hacken. Das Fleisch von Sehnen und Fett befreien und quer zur Faser in Scheiben, dann in dünne Streifen schneiden.

2 / Die Zwiebel schälen und in Spalten schneiden. Die Frühlingszwiebeln putzen, waschen und längs in Streifen, dann in ca. 4 cm lange Stücke schneiden. Die Chilischote längs halbieren, entkernen, waschen und in feine Streifen schneiden. Den Koriander waschen, trocken schütteln, die Blätter abzupfen und grob hacken.

3 / 1 EL Öl in einer beschichteten Pfanne erhitzen und die Pilze darin bei mittlerer Hitze 3–4 Min. anbraten. Herausnehmen. 1 weiteren EL Öl in der Pfanne erhitzen und die Möhrenstifte darin ca. 3 Min. braten. Ebenfalls herausnehmen.

4 / Wieder 1 EL Öl in der Pfanne erhitzen. Ingwer und Knoblauch darin bei mittlerer Hitze 2–3 Min. anbraten. Das Fleisch und die Zwiebeln dazugeben und in 2–3 Min. gar braten. Pilze und Möhren zufügen und ca. 1 Min. mit erhitzen. Alles mit Fischsauce, Austernsauce und Pfeffer abschmecken. Frühlingszwiebeln, Chili und Koriander über das Fleisch streuen. Die Limette achteln und zum Schweinefleisch servieren.

Ein Taifun hat einen Stromausfall verursacht. Im Restaurant setzt sich ein junger Schwabe zu uns, der uns bei flackerndem Kerzenschein von seinen abenteuerlichen Missions-Hilfsflügen zu den Außeninseln berichtet, während draußen der Sturm heult und auf dem Kerosinkocher köstliches Schweinefleisch brutzelt.

WIR SIND AUF YAP IM JAHR 1850

Heiraten kann kostspielig werden! Steingeld muss her, und das Gestein dafür gibt es nur auf Palau. Der Alte erklärt den Weg, und die jungen Männer brechen zu der wochenlangen Überfahrt auf. Einmal angekommen, versuchen sie mit Geschenken, die Erlaubnis zum Abbau des Steins zu bekommen. Die Arbeit ist hart. Erst nach Jahren können die Männer nach Yap zurückkehren – aber nicht alle werden auch ankommen … Doch wer Steingeld mitbringt, dem ist der Ruhm gewiss.

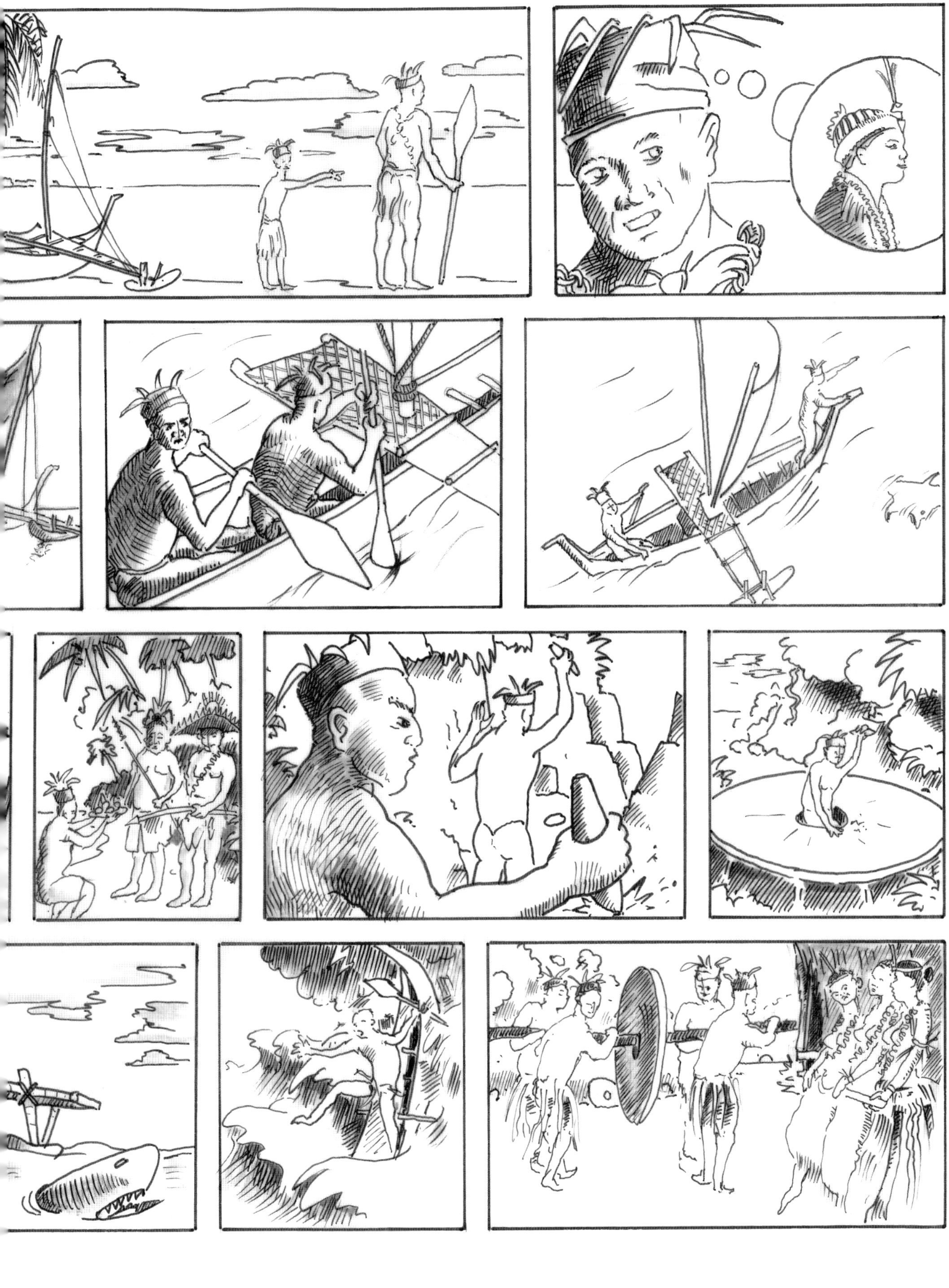

19° 53' 48.358" N 155° 34' 58.015" W

HAWAII

Aloha! Auf Hawaii erfüllt Blumenduft die Luft. Jede der sechs Inseln besitzt ihren eigenen, ganz besonderen Reiz. Traumstrände, saftig grüne Landschaften und Vulkankrater machen den amerikanischen Bundesstaat bis heute zu einem Sehnsuchtsort. Außerdem lieben die Hawaiianer gutes Essen – und dank der üppigen Natur können sie aus dem Vollen schöpfen.

Einheimisches Bio-Gemüse statt Shoppingmalls: Die Farmers Markets zeigen, dass sich die Hawaiianer auf ihre Wurzeln zurückbesinnen.

Wunderschöne, fast menschenleere Sandstrände locken an vielen Stellen. Leider machen hohe Wellen und starke Strömungen das Schwimmen zum gefährlichen Vergnügen.

TIKI UND HULA IN WAIKIKI

AUF DER SUCHE NACH DEM »SPIRIT OF HAWAII«

Auf einen Wink hin rollt das nächste Taxi heran, eine mindestens vierzig Jahre alte Stretchlimousine. Der Fahrer, ein betagter Chinese, lächelt. »No extra price! My name is Charles.«

Wir steigen ein und machen es uns zwischen Vasen mit Plastikblumen bequem. Das Ziel: Waikiki Beach. Skeptisch sehen wir draußen die Hochhausfassaden vorbeifliegen. Hawaii – der Klang dieses Namens verheißt Strand, Meer und Natur. Zu unseren Sehnsuchtsbildern will die amerikanische Großstadt Honolulu einfach nicht passen.
In unserer Kindheit stand Hawaii als Synonym für den Hula Hoop und bunt bedruckte Hemden. Die Tiki-Kultur war in den Fünfzigerjahren mit Soldaten der US Army nach Deutschland geschwappt. Schlager besangen die paradiesische Schönheit der Südsee, und unsere Eltern prosteten sich plötzlich mit bonbonbunten Cocktails namens Mai Tai oder Zombie zu. Schließlich verschaffte ein Fernsehkoch dem exotischen Lebensgefühl sogar einen festen Platz in deutschen Küchen: Der Toast Hawaii war geboren.
Ob wir von diesem sagenumwobenen »Spirit of Hawaii« hier etwas wiederfinden werden? Zumindest wohl nicht in Waikiki mit seinen rund 70 000 Hotelbetten auf weniger als 2 Quadratkilometern. Unser Hotel liegt dort zum Glück etwas ab vom Rummel, aber als wir uns zu einem Abendspaziergang aufmachen, finden wir uns nach wenigen Minuten in einer grellen Betonlandschaft aus Hotels, Shoppingmalls und Rund-um-die-Uhr-Entertainment wieder. Überall stehen billige Götzenfiguren herum, sogenannte Tikis. Sie sollen offenbar Südseeatmosphäre schaffen, die von den unzähligen Gästen als Begleitung zu Sushi, Sashimi und bunten Cocktails erwartet wird.
Gleich am nächsten Morgen kehren wir Waikiki den Rücken. An der Nordküste wollen wir den Surfern bei ihrem Ritt auf den spektakulären Wellen zuschauen. Aber an diesem windstillen Tag ist das Meer ziemlich glatt. Statt der Wellenreiter beobachten wir eine Frau in einem bunt bedruckten Tuch, eine Blüte im schwarzen Haar, die seelenruhig auf ihrem Board steht und mit ihren beiden Kindern durch die Bucht paddelt. Ein friedliches Bild! Bald lockt uns der Duft frisch gegrillter Garnelen in die Strandbar, und wir tun es den Einheimischen nach: Mit köstlichem Essen, fruchtigen Drinks und einem Schläfchen lassen wir den lauschigen Sonntagnachmittag vorbeiziehen. Vielleicht sieht er doch eher so aus, der vielbeschworene »Spirit of Hawaii«.

AHI POKE

MARINIERTER THUNFISCH

Typisch für die neue pazifische Küche ist die Verschmelzung verschiedener Einflüsse. Hier treffen japanische Zutaten auf ein traditionelles hawaiianisches Gericht. Prima übrigens auch mit Wasabi statt rosa Pfeffer: Mischen Sie dann Tomaten- und Gurkenwürfel sowie Fliegenfischrogen (Tobiko) unter.

FÜR 4 PERSONEN ALS VORSPEISE
ZUBEREITUNGSZEIT: CA. 20 MIN. | MARINIERZEIT: CA. 2 STD. | PRO PORTION CA. 230 KCAL

300 g Thunfisch (Sushi-Qualität) | 3 Frühlingszwiebeln
1 TL rosa Pfefferbeeren (Schinus) | 15 g Koriandergrün
4 Macadamianüsse | 3 EL helle Sojasauce | 2 TL geröstetes Sesamöl*

1 / Den Thunfisch von Sehnen und festen Fasern befreien, dann waschen, trocken tupfen und in kleine Würfel schneiden. Die Frühlingszwiebeln putzen, waschen und fein hacken. Die rosa Pfefferbeeren im Mörser grob zerstoßen. Das Koriandergrün waschen und trocken schütteln, die Blätter abzupfen und hacken. Die Macadamianüsse im Mörser zerstoßen.

2 / Alle vorbereiteten Zutaten mit Sojasauce und Sesamöl in einer Schüssel mischen und abgedeckt ca. 2 Std. im Kühlschrank marinieren.

MAUI COCONUT SHRIMPS

IM KNUSPERMANTEL

An Hawaiis Foodtrucks werden überall Garnelen angeboten: geschmort, gebraten, gegrillt, ganz pur oder mit den verschiedensten Spezialsaucen. Im knusprigen Kokosmantel frittiert, schmecken die Meerestiere als Snack oder Vorspeise.

FÜR 4 PERSONEN ALS VORSPEISE | ZUBEREITUNGSZEIT: CA. 20 MIN. | PRO PORTION CA. 495 KCAL

400 g rohe, geschälte Garnelen mit Schwanz
60 g Mehl | 1 Prise Cayennepfeffer | 1 ½ TL pazifisches Gewürzpulver (s. S. 322) | 2 Eiweiß (M) | 125 g Kokosraspel | 60 g Panko* (asiat. Semmelbrösel)
AUSSERDEM: 1 Limette zum Servieren | Öl zum Frittieren

1 / Die Garnelen abbrausen und trocken tupfen. Falls nötig, am Rücken einschneiden und den Darmfaden entfernen.

2 / Auf einem flachen Teller das Mehl mit Cayennepfeffer und Gewürzpulver mischen. Die Eiweiße in einer Schüssel sehr steif schlagen. Auf einem Teller Kokosraspel und Panko mischen, dabei sehr grobes Panko etwas zerreiben.

3 / Die Limette in Spalten schneiden. In einem Wok oder einer Pfanne mit hohem Rand ca. 1 cm hoch Öl erhitzen, bis an einem hineingehaltenen Holzstäbchen sofort kleine Bläschen aufsteigen.

4 / Die Garnelen portionsweise erst im gewürzten Mehl wenden, dann durch das Eiweiß ziehen und zuletzt in der Kokos-Panko-Mischung wälzen. Die panierten Garnelen portionsweise im heißen Öl in 4–5 Min. goldbraun frittieren, dabei zwischendurch wenden. Herausnehmen und auf einer dicken Lage Küchenpapier abtropfen lassen. Die Garnelen sofort mit den Limettenspalten servieren.

Unten Reis, darüber roher Fisch, Sauce und die verschiedensten Toppings: So einfach der Aufbau einer klassischen Poke Bowl ist, so variabel sind die tatsächlichen Kombinationen. Weißer, brauner oder Sushi-Reis? Wie's beliebt. Der Fisch wird geschnitten – nichts anderes heißt »poke« in der hawaiianischen Sprache – und in der puristischsten Form nur mit einer Prise Hawaii-Salz, Sojasauce, geröstetem Sesamöl, Zwiebel und Sesam angemacht. Bei den Toppings sind der Fantasie keine Grenzen gesetzt: geraspelte Karotten, Gurke, Avocado oder Tomate, Frühlingszwiebeln oder Röstzwiebeln, Mango oder Salatblätter. Und auch in Sachen Saucen ist alles möglich. Wir finden sogar Varianten mit Miso oder Mayonnaise.

POKE BOWL

MIT LACHS UND SESAM

FÜR 4 PERSONEN
ZUBEREITUNGSZEIT: CA. 30 MIN.
MARINIERZEIT: CA. 2 STD.
PRO PORTION CA. 625 KCAL

450 g Lachsfilet (Sushi-Qualität)
3 Frühlingszwiebeln
8 Kirschtomaten
10 g Ingwer
4 EL Pilzsojasauce*
2 EL geröstetes Sesamöl*
1 TL Sambal (s. S. 323, ersatzweise Sambal oelek aus dem Glas oder eine andere scharfe Chilisauce)
Salz
1 Prise brauner Zucker
210 g Reis (z. B. Basmati-Reis)
2 Schalotten
2 EL Öl
½ EL schwarzer Sesam (Asienladen)
½ EL heller Sesam
1 EL Rettichkresse (ersatzweise Gartenkresse)
1 EL Lachskaviar (nach Belieben)
1 Avocado
1 TL Limettensaft

1 / Den Lachs von allen Gräten befreien, waschen und trocken tupfen. Das Filet in kleine Würfel schneiden, dabei Haut und feste Fasern entfernen. Die Frühlingszwiebeln putzen, waschen und in Ringe schneiden. Die Tomaten waschen und vierteln. Den Ingwer schälen und fein hacken. Alles in einer Schüssel mit Sojasauce, Sesamöl und Sambal oder Chilisauce mischen, mit Salz und Zucker würzen und ca. 2 Std. abgedeckt im Kühlschrank marinieren lassen.

2 / Inzwischen den Reis nach Packungsanweisung in Salzwasser gar kochen und etwas auskühlen lassen.

3 / Währenddessen die Schalotten schälen und in feine Ringe schneiden. Das Öl in einer beschichteten Pfanne erhitzen und die Schalottenringe darin bei mittlerer bis großer Hitze in 3–4 Min. goldbraun rösten. Herausnehmen und auf Küchenpapier entfetten. Die Sesamsamen zusammen in einer Pfanne ohne Fett rösten, bis sie duften, und herausnehmen. Die Kresse waschen und trocken tupfen.

4 / Den Reis lauwarm auf vier Schalen verteilen. Das Lachs-Poke mit dem Lachskaviar mischen und auf den Reis geben. Die Avocado halbieren, entsteinen, schälen, in Spalten schneiden, mit Limettensaft beträufeln und auf der Poke Bowl anrichten. Alles mit Sesam, gerösteten Schalotten und Kresse bestreuen und sofort servieren.

TAKO POKE BOWL

MIT OKTOPUS UND KIMCHI

Es ist nicht zu übersehen, aus welchem Land dieses Rezept seine Inspiration bezieht: Schließlich ist Kimchi, der scharf fermentierte Chinakohl, das koreanische Nationalgericht. Seine herzhafte Säure bildet hier einen perfekten Kontrast zum milden Oktopus. Statt Kimchi passt auch eingelegter Daikon-Rettich aus dem Asienladen.

140 g Natur-Reis
Salz
3 Frühlingszwiebeln
75 g Kimchi (korean. scharf eingelegter Chinakohl; Asienladen)
1 Mini-Salatgurke
2 EL helle Sojasauce
1 EL geröstetes Sesamöl*
1 TL Sambal (s. S. 323, ersatzweise Sambal oelek aus dem Glas oder eine andere scharfe Chilisauce)
1 EL Limettensaft
300 g gegarte Fangarme vom Oktopus (frisch von der Feinkosttheke oder TK, aufgetaut)
2 EL süße Sojasauce*
1 EL Öl
1 EL heller Sesam
¼ Bund Koriandergrün

1 / Den Reis nach Packungsanweisung in Salzwasser gar kochen und etwas auskühlen lassen. Die Frühlingszwiebeln putzen, waschen und in Ringe schneiden. Das Kimchi in ein Sieb abgießen, dabei die Flüssigkeit auffangen und das Kimchi in kleine Stücke schneiden. Die Gurke schälen, längs halbieren und ohne die Samen in feine Würfel schneiden. Die vorbereiteten Zutaten mit Sojasauce, Sesamöl, Sambal, Limettensaft und 1 EL Kimchi-Flüssigkeit verrühren.

2 / Den Oktopus in mundgerechte Stücke schneiden und in der süßen Sojasauce wenden. Das Öl in einer Pfanne erhitzen und die Oktopusstücke darin bei mittlerer bis großer Hitze unter Rühren ca. 3 Min. braten, sodass die Sojasauce karamellisiert. Den Oktopus zu der Kimchi-Mischung geben.

3 / Den Sesam in einer Pfanne ohne Fett anrösten, bis er duftet, und herausnehmen. Den Koriander waschen, trocken schütteln, die Blätter abzupfen und grob hacken. Den Reis auf vier Schalen verteilen, die Oktopus-Kimchi-Mischung darauf anrichten und mit Koriander und Sesam bestreuen.

FÜR 4 PERSONEN ALS VORSPEISE

ZUBEREITUNGSZEIT: CA. 30 MIN.

GARZEIT: CA. 35 MIN.

PRO PORTION CA. 265 KCAL

FISCH

MIT MACADAMIAKRUSTE

FÜR 2 PERSONEN

ZUBEREITUNGSZEIT: CA. 35 MIN.

PRO PORTION CA. 590 KCAL

50 g Macadamianüsse
1 ½ EL Panko* (asiat. Semmelbrösel)
Salz
2 EL Öl
250 g Shiitake (Pilze; ersatzweise Austernpilze)
1 getrocknete Chilischote
10 g Ingwer
2 EL Limettensaft
2 EL helle Sojasauce
1 EL Austernsauce*
1 ½ TL geröstetes Sesamöl*
300 g weißfleischiges Fischfilet (z. B. Heilbutt, Seezunge oder Pollack)
Pfeffer
1 Prise gemahlener Kreuzkümmel
1 Prise gemahlener Koriander

AUSSERDEM
Öl für die Form

1 / Die Macadamianüsse im Mörser zerkleinern, Panko, 1 Prise Salz und 1 EL Öl dazugeben und alles zu einer Paste zerreiben. Den Backofen auf 160° vorheizen. Eine ofenfeste Form mit Öl einfetten.

2 / Die Pilze putzen, falls nötig mit Küchenpapier abreiben, die Stiele entfernen und die Köpfe in Scheiben schneiden. Die Chilischote entkernen und zerbröseln. Den Ingwer schälen, fein hacken und mit Chili, Limettensaft, Sojasauce, Austernsauce und Sesamöl zu einem Dressing verrühren.

3 / Den Fisch waschen und trocken tupfen. Das Filet in vier Stücke teilen, salzen und pfeffern. Die Stücke in die Form legen und mit der Macadamia-Panko-Paste bestreichen. Die Paste dabei leicht andrücken.

4 / Den Fisch im Backofen (Mitte) ca. 15 Min. garen, bis die Kruste leicht gebräunt und der Fisch innen leicht glasig ist.

5 / Inzwischen den übrigen EL Öl in einer Pfanne erhitzen und die Pilze darin bei mittlerer Hitze in 3–4 Min. weich dünsten. Mit Kreuzkümmel, Koriander, Salz und Pfeffer würzen. Das Dressing unterrühren und die Pilze vom Herd nehmen. Zum Servieren die Pilze auf zwei Teller verteilen und den Fisch auf die Pilze setzen.

Wir verlassen Honolulu und entdecken palmengesäumte, weiße Strände vor der immergrünen Kulisse bizarr gefalteter Berge. Im Inselinneren von O'ahu erstrecken sich riesige Plantagen für Ananas und Macadamia, die natürlich in der Küche Hawaiis auch häufig Verwendung finden.

Auf Molokai werden wir anfangs als Fremde misstrauisch beäugt, dann aber umso herzlicher aufgenommen und gleich zum traditionellen Singen, Musizieren und Tanzen eingeladen. Dazu gibt es Kaffee und Kuchen, aber auch Herzhaftes, wie diesen schlichten Auflauf.

HAWAIIAN PORK PIE

MIT SÜSSKARTOFFELHAUBE

FÜR 2 PERSONEN
ZUBEREITUNGSZEIT: CA. 30 MIN.
GARZEIT: CA. 40 MIN.
PRO PORTION CA. 715 KCAL

1 große Süßkartoffel (ca. 400 g)
Salz
1 EL Avocadoöl (ersatzweise aromatisches Olivenöl)
Pfeffer
1 Zwiebel
2 EL Öl
1 Stängel Zitronengras*
2 Korianderwurzeln*
260 g Schweinehackfleisch
1 EL helle Sojasauce
1 EL Austernsauce*
1 süßsäuerlicher Apfel
2 TL Limettensaft
5 Salbeiblätter
1 getrocknete Chilischote

AUSSERDEM
Öl für die Form

1 / Die Süßkartoffel putzen, schälen und grob würfeln. Die Würfel in Salzwasser in ca. 15 Min. weich kochen, abgießen und die Süßkartoffelwürfel zu Püree zerstampfen. Das Avocadoöl unterrühren, salzen und pfeffern.

2 / Den Backofen auf 180° vorheizen und eine ofenfeste Form ölen. Die Zwiebel schälen und in dünne Ringe schneiden. 1 EL Öl in einer Pfanne erhitzen und die Zwiebelringe darin bei mittlerer Hitze in 3–4 Min. glasig anschwitzen.

3 / Vom Zitronengras die Hüllblätter entfernen und das untere Drittel fein hacken. Die Korianderwurzeln putzen, waschen, fein hacken und mit Zitronengras, Hackfleisch, Sojasauce und Austernsauce mischen. Die Masse mit Pfeffer würzen. Das Hackfleisch auf dem Boden der Form verteilen. Die Zwiebelringe daraufgeben. Den Apfel schälen, ohne Kerngehäuse in dünne Spalten schneiden und diese auf den Zwiebeln verteilen. Den Limettensaft darüberträufeln. Den Salbei waschen, trocken tupfen und hacken. Die Chilischote entkernen und zerbröseln. Beides über die Apfelspalten streuen.

4 / Das Süßkartoffelstampf als oberste Schicht auf den Äpfeln verteilen. Die Form mit einem passenden Deckel oder mit Alufolie verschließen und den Auflauf im Ofen (Mitte) 15 Min. garen. Deckel oder Alufolie abnehmen und die Pork Pie 20–25 Min. backen, bis sie oben leicht gebräunt ist.

HULI-HULI-HÄHNCHEN

AUS DEM OFEN

FÜR 4 PERSONEN
ZUBEREITUNGSZEIT: CA. 30 MIN.
MARINIERZEIT: CA. 30 MIN.
GARZEIT: CA. 45 MIN.
PRO PORTION CA. 410 KCAL

4 Hähnchenschenkel
Salz
2 TL gemahlener Anis
1 TL Cayennepfeffer
½ frische Ananas (ca. 700 g)
15 g Ingwer
1 Knoblauchzehe
1 Stängel Zitronengras*
2 frische rote Chilischoten
6 EL Tomatenketchup
5 EL helle Sojasauce
1 EL geröstetes Sesamöl*
1 EL Limettensaft
1 EL Tamarindenpaste*
3 Stängel Koriandergrün

1 / Die Hähnchenschenkel abbrausen und trocken tupfen. In einer kleinen Schüssel 1 TL Salz mit Anis und Cayennepfeffer mischen und die Hähnchenschenkel damit einreiben.

2 / Für die Marinade die Ananas schälen, den Strunk entfernen und das Fruchtfleisch klein würfeln. Ingwer und Knoblauch schälen und fein hacken. Vom Zitronengras die äußeren Hüllblätter entfernen und das saftige untere Drittel fein hacken. Die Chilischoten längs halbieren, Stielansatz und Kerne entfernen, die Schoten waschen und in feine Ringe schneiden. Ananas, Knoblauch, Zitronengras und Chilischote mit dem Pürierstab pürieren. Tomatenketchup, Sojasauce, Sesamöl, Limettensaft und Tamarindenpaste untermischen.

3 / Die Hähnchenschenkel nebeneinander in eine ofenfeste Form legen, mit der Marinade begießen und ca. 30 Min. abgedeckt im Kühlschrank marinieren. Den Backofen auf 220° vorheizen. Die Form mit einem Deckel oder Alufolie verschließen und in den Ofen (unten) schieben. Die Hähnchenschenkel ca. 35 Min. braten, dabei alle 10 Min. mit der Marinade bepinseln. Deckel oder Alufolie entfernen und die Schenkel in weiteren 5–10 Min. goldbraun backen.

4 / Inzwischen den Koriander waschen und trocken schütteln. Die Blätter abzupfen und grob hacken. Die Hähnchenschenkel zum Servieren damit bestreuen.

Die zerklüfteten Berge der Napali-Küste steigen in ihrer wilden Schönheit steil aus dem Blau des Pazifiks auf. Kaua'i verkörpert mit seinen zauberhaften Landschaften und entspannten Bewohnern wie keine andere Insel den »Spirit of Hawaii«. Hier essen wir zum ersten Mal dieses traditionelle Gericht, bei dem das Hähnchen gegrillt wird – »huli« heißt wenden. Für die Marinade hat fast jede Familie ein eigenes Rezept.

Die Straße nach Hana führt durch Regenwälder voll exotischer Pflanzen, an hohen Wasserfällen vorbei und eine dramatische Küstenlandschaft entlang. Allerdings fordert die Strecke mit ihren vielen Haarnadelkurven unsere volle Aufmerksamkeit. Die Fahrt lohnt sich aber alleine schon wegen dieses Kuchens in der »Barefoot Bakery«.

HEIDELBEERKUCHEN

MIT ZITRONENGRAS

FÜR 1 KUCHEN (12 STÜCKE)
ZUBEREITUNGSZEIT: CA. 30 MIN.
BACKZEIT: CA. 45 MIN.
PRO STÜCK CA. 170 KCAL

500 g Heidelbeeren
1 Stängel Zitronengras*
3 Eier (M)
50 ml Öl
75 g Kokosmilch (s. S. 8 f.)
100 g Zucker
1 Prise Salz
1 Pck. Vanillezucker
½ Pck. Backpulver
150 g Mehl

AUSSERDEM
Springform (26 cm Ø)
Öl für die Form

1 / Den Backofen auf 200° vorheizen. Die Springform einölen. Die Heidelbeeren verlesen, waschen und auf Küchenpapier trocknen lassen.

2 / Vom Zitronengras die äußeren Hüllblätter entfernen und das saftige untere Drittel fein hacken. Die Eier trennen und die Eiweiße steif schlagen. Öl und Kokosmilch verrühren.

3 / Zucker und Eigelbe cremig schlagen. Zitronengras, Salz und Vanillezucker einrühren. Nach und nach die Kokos-Öl-Mischung dazugeben und kräftig rühren, bis eine cremige Masse entsteht.

4 / Das Backpulver mit dem Mehl mischen und portionsweise in den Teig einarbeiten. Zum Schluss den Eischnee unterheben. Den Teig in die Springform füllen, glatt streichen und dick mit den Heidelbeeren belegen.

5 / Den Kuchen im heißen Ofen (Mitte) 40–45 Min. backen, bis die Oberfläche gebräunt ist und an einem hineingesteckten Holzstäbchen kein Teig mehr hängen bleibt. Den fertigen Kuchen herausnehmen und auf einem Kuchengitter abkühlen lassen, dann aus der Form lösen.

dellen – vom Kleinu agen bis zum 7-Sitzer.

STÜRMISCH

Nach einem nächtlichen Unwetter halten wir am Makahoa Point. Das Meer ist immer noch aufgewühlt, die Brandung tost, und der Wind trägt die warme Gischt bis zu uns.

37° 46' 29.744" N 122° 25' 9.898" W

SAN FRANCISCO

Steile Straßen, bunte Holzhäuser und die berühmte Golden Gate Bridge prägen das Bild dieser weltoffenen, toleranten Stadt. Darüber hinaus ist sie das perfekte Ziel für kulinarische Pilgerfahrten: Hier soll es gemessen an der Einwohnerzahl nicht nur die meisten Restaurants in den USA geben, sondern auch einige der besten.

Am besten lassen sich die Dimensionen der Golden Gate Bridge bei einer Fahrradtour erkunden. Während der Überquerung der Brücke genießen wir atemberaubende Ausblicke.

Auf dem Rückweg nehmen wir die Fähre, vorbei an der unheimlichen ehemaligen Gefängnisinsel Alcatraz.

CALIFORNIA DREAMIN'

ABSCHIEDSFAHRT AN DER PAZIFIKKÜSTE

Wir sind wieder auf dem amerikanischen Festland angekommen. Von Santa Barbara aus nehmen wir den Highway No 1 in Richtung Norden, gut gelaunt, das Autoradio aufgedreht. Durch die weit geöffneten Autofenster weht der frische maritime Geruch des Pazifiks herein, der uns die ganze Reise über begleitet hat.

Plötzlich erklingt ein Bass, der ganz offensichtlich nicht aus dem Radio kommt. Wir halten an und gehen den Lauten nach. Lange müssen wir nicht suchen: Der Strand ist von einer Kolonie Seeelefanten besetzt. Ein Bulle verteidigt seinen Harem gegen die Angriffe eines Rivalen, indem er sich groß macht, seinen Rüssel aufbläst und grunzt. Doch der andere versucht weiter, sich an die Weibchen heranzumachen, bis es zum Kampf kommt. Endlich gibt sich der Herausforderer geschlagen und zieht ab.

In Haarnadelkurven schlängelt sich die Straße an der spektakulären Küste von Big Sur entlang. Eine Übernachtungsmöglichkeit finden wir in einer kleinen Bungalowanlage mitten im Wald. Das Restaurant gegenüber mit seinen Kräutern und bunten Blumen im Vorgarten verheißt frische kalifornische Küche. Wir nehmen Platz, und wäh-

rend wir auf unser Essen warten, lauschen wir den Beach Boys, die im Radio das leichte Leben an den endlosen kalifornischen Stränden besingen: Sonne, Spaß und hübsche Mädchen.
Der junge Mann, der uns mit lässigem Hüftschwung das Bio-Gemüse aus dem Restaurantgarten serviert, stellt gleich noch einen kühlen kalifornischen Wein vor uns hin. Aus dem Radio fragt uns inzwischen die Band Creedence Clearwater Revival: »Have you ever seen the rain?«, und wir denken zurück an die tropischen Stürme, die uns so einige Male Flexibilität bei der Reiseplanung abverlangt haben.
Der Wein schmeckt. Zum zweiten Glas besingt uns Marvin Gaye mit »What's going on?«. Was los ist? Das Ende unserer Reise naht, das ist los. Wir haben viel erlebt, wunderbare Landschaften gesehen und die unterschiedlichsten Kulturen kennengelernt. Vor lauter Wehmut bestellen wir ein drittes Glas Wein, bevor wir dem Rat von The Mamas and the Papas folgen und einen kleinen Traum in unserem Bett träumen.
Am nächsten Morgen setzen wir unseren Weg nach San Francisco fort. Auf zur allerletzten Etappe! Wir haben zwar keine Blumen im Haar, wie es in dem Song von Scott McKenzie heißt – aber wir sind uns sicher, dass wir in der Stadt trotzdem »gentle people« treffen werden. Denn friedfertige, hilfsbereite Menschen sind uns auf unserer Reise glücklicherweise überall begegnet.

GRAVED LACHS

MIT TOMATILLO-SALSA

FÜR DEN GRAVED LACHS

300 g Lachsfilet (Sushi-Qualität, ohne Haut)
1 TL Korianderkörner
1 TL Anissamen
1 TL tasmanischer Pfeffer (ersatzweise schwarzer Pfeffer)
8 g grobes Salz
8 g Zucker
1 Stängel Zitronengras*
3 Stängel Dill
2 Kaffir-Limettenblätter*

FÜR DIE TOMATILLO-SALSA

1 Dose Tomatillos (ca. 450 g Abtropfgewicht; lateinamerikanischer Spezialitätenladen oder Internet)
1 frische grüne Serrano-Chilischote (ersatzweise eine andere grüne Chilischote)
1 kleine rote Zwiebel
1 Knoblauchzehe
20 g Koriandergrün
1 EL Olivenöl
Saft von 1 Limette
Salz | Pfeffer
1 Avocado

1 / Den Lachs von Gräten befreien, waschen und trocken tupfen. Koriander und Anis in einer Pfanne ohne Fett anrösten, dann mörsern oder mahlen. Den Pfeffer ebenfalls mörsern und mit Salz, Zucker und den übrigen Gewürzen mischen.

2 / Vom Zitronengras die äußeren Hüllblätter entfernen und den Stängel mit dem Messerrücken kräftig aufklopfen. Den Dill waschen und trocken schütteln. Den Lachs auf ein Stück Frischhaltefolie legen und von allen Seiten mit der Salz-Zucker-Gewürz-Mischung einreiben. Zitronengras, Dill und Kaffir-Limettenblätter auf den Lachs legen und alles fest mit Folie umwickeln. Den Lachs auf einen Teller legen, mit einem Brett (ohne zusätzliche Gewichte) beschweren und ca. 48 Std. im Kühlschrank beizen; zweimal wenden.

3 / Für die Salsa die Tomatillos abtropfen lassen. Die Chilischote halbieren, entkernen, waschen und in feine Ringe schneiden. Zwiebel und Knoblauch schälen und hacken. Den Koriander waschen, trocken schütteln und die Blätter hacken. Alle vorbereiteten Zutaten mit dem Olivenöl grob pürieren, sodass noch Stückchen sichtbar sind. Die Salsa mit Limettensaft, Salz und Pfeffer abschmecken und abgedeckt kalt stellen.

4 / Zum Servieren Kräuter und Gewürze vom Lachs streifen und den Fisch in feine Scheiben schneiden. Die Avocado halbieren, entsteinen, schälen, würfeln und zur Salsa geben. Zum Lachs servieren.

FÜR 4 PERSONEN ALS VORSPEISE
ZUBEREITUNGSZEIT: CA. 20 + 20 MIN.
BEIZZEIT: CA. 48 STD.
PRO PORTION CA. 410 KCAL

In San Francisco haben wir ein Quartier am Ende der Fisherman's Wharf bezogen. Abends, wenn der Nebel vom nahen Pazifik langsam unter der Golden Gate Bridge hindurchkriecht, legt sich schnell der Trubel des Tages. Neben dem Bimmeln an der nahen Cable-Car-Station ertönen nur noch vielstimmig die Schiffshörner aus dem feuchten Dunst. Wir lassen uns das Abendessen schmecken, dem man den Einfluss der Hispano-Amerikaner anmerkt, die hier einen hohen Bevölkerungsanteil ausmachen.

ROTE-BETE-CARPACCIO

MIT GETRÜFFELTEM RICOTTA

Nahe der imposanten Stahlkonstruktion der Oakland Bay Bridge findet in einem ehemaligen Fährgebäude dreimal wöchentlich Markt statt. Ein kulinarisches Märchenland! Uns beeindrucken vor allem die vielen ungewöhnlichen Ideen mit Roter Bete.

FÜR 4 PERSONEN ALS VORSPEISE | ZUBEREITUNGSZEIT: CA. 20 MIN. | MARINIERZEIT: CA. 1 STD. | PRO PORTION CA. 220 KCAL

1 TL Dijonsenf | 2 EL Rotweinessig | 2 EL Limettensaft
4 EL Olivenöl | Salz | Pfeffer | 1 Rote Bete (ca. 300 g)
100 g Ricotta | 1 ½ TL Trüffelöl | Salz | 10 Kirschtomaten | 2 Stängel Basilikum | 8 Scheiben Bresaola (ital. Rinderschinken)

1 / Senf, Essig, Limettensaft und Olivenöl verrühren, salzen und pfeffern. Die Rote Bete putzen, schälen und in hauchdünne Scheiben schneiden oder hobeln. Die Scheiben gründlich mit dem Dressing mischen und mind. 1 Std. abgedeckt bei Zimmertemperatur marinieren.

2 / Den Ricotta mit dem Trüffelöl verrühren und mit Salz abschmecken. Die Kirschtomaten waschen und je nach Größe halbieren oder vierteln. Das Basilikum waschen, trocken schütteln, die Blätter abzupfen und in dünne Streifen schneiden.

3 / Auf vier Teller jeweils etwas Ricotta streichen. Die Rote Bete daraufgeben und mit Dressing beträufeln. Die Kirschtomaten auf der Bete verteilen und mit Basilikum bestreuen. Die Bresaola in Stücke reißen und über den Salat geben.

MARINIERTE MELONE

MIT FETA

Mit dem berühmten Cable Car fahren wir durch die Stadt und lassen die Atmosphäre der Bay Area auf uns wirken: bunt, relaxed, kreativ. Genauso empfinden wir auch die Küche, deren Ideenreichtum sich schon an ganz einfachen Gerichten zeigt.

FÜR 4 PERSONEN ALS VORSPEISE | ZUBEREITUNGSZEIT: CA. 20 MIN. | RUHEZEIT: CA. 8 STD. | PRO PORTION CA. 150 KCAL

½ Charentais-Melone (ersatzweise Honigmelone) | 1 TL Anissamen | ½ Vanilleschote | 1 Handvoll Basilikumblätter | 1 Zweig Rosmarin | 4 EL Limettensaft | ½ TL brauner Zucker | 100 g Schafskäse (Feta) | 2 EL Avocadoöl (ersatzweise aromatisches Olivenöl)

1 / Mit einem Löffel das faserige Innere der Melone mit den Samen entfernen, die Melone in acht Spalten oder in Stücke schneiden und schälen.

2 / Den Anis in einer Pfanne ohne Fett anrösten, bis er duftet, dann mörsern oder in einer Gewürzmühle mahlen. Die Vanilleschote längs aufschlitzen, das Mark herauskratzen und mit dem Anis über die Melonenstücke geben. Die Spalten vorsichtig dicht nebeneinander in einen Gefrierbeutel geben. Das Basilikum waschen, trocken tupfen, in Streifen schneiden und mit Limettensaft und Zucker auf den Melonenstücken verteilen. Den Rosmarin waschen, trocken schütteln und ebenfalls mit in den Beutel geben.

3 / Den Beutel gut verschließen, dabei so viel Luft wie möglich herausdrücken. Die Melone 8 Std. im Kühlschrank marinieren.

4 / Zum Servieren den Rosmarinzweig entfernen. Die Melonenstücke mit der Marinade auf Teller verteilen, den Schafskäse darüberkrümeln und alles mit etwas Avocadoöl beträufeln.

CIOPPINO

FISCHEINTOPF MIT BOHNEN

FÜR 4 PERSONEN
ZUBEREITUNGSZEIT: CA. 55 MIN.
PRO PORTION CA. 455 KCAL

1 Knolle Fenchel
2 Zwiebeln
3 Knoblauchzehen
1 getrocknete Chilischote
1 Dose geschälte Tomaten (ca. 480 g Abtropfgewicht)
3 EL Olivenöl
2 EL Tomatenmark
450 ml trockener Weißwein
750 ml Hühnerbrühe
1 Lorbeerblatt
1 Dose Cannellini-Bohnen (ca. 240 g Abtropfgewicht; ersatzweise andere kleine weiße Bohnen)
150 g Salsiccia (ital. Bratwurst, ersatzweise andere würzige Bratwurst)
600 g festes weißfleischiges Fischfilet (z. B. Heilbutt, Seeteufel oder Lachs)
20 g Basilikum
1 Zweig Thymian
Salz | Pfeffer

1 / Den Fenchel waschen, putzen und in Spalten schneiden. Die Zwiebeln schälen und würfeln. Den Knoblauch schälen und fein hacken. Die Chili entkernen und zerbröseln. Die Dosentomaten abgießen, dabei die Flüssigkeit auffangen. Die Tomaten entkernen und ohne Stielansatz würfeln.

2 / In einem großen Topf das Olivenöl erhitzen. Fenchel und Zwiebeln darin unter Rühren bei mittlerer Hitze 3–4 Min. anschwitzen, bis die Zwiebeln glasig sind. Knoblauch und Chili dazugeben und 2 Min. mitschwitzen. Das Tomatenmark einrühren, dann Dosentomaten mit Flüssigkeit, Weißwein, Hühnerbrühe und Lorbeerblatt in den Topf geben und alles zugedeckt aufkochen. Die Hitze reduzieren und die Suppe ca. 30 Min. köcheln lassen.

3 / Die Bohnen in ein Sieb abgießen, abbrausen und abtropfen lassen. Die Wurst aus dem Darm drücken und in Stücke teilen. Den Fisch waschen, trocken tupfen und ca. 4 cm groß würfeln. Basilikum und Thymian waschen und trocken schütteln. Die Blätter abzupfen und Basilikum grob hacken.

4 / Bohnen und Wurst in den Eintopf geben und zugedeckt ca. 3 Min. mitköcheln lassen. Den Fisch dazugeben und offen in 5–6 Min. im Sud knapp gar ziehen lassen. Den Eintopf mit Salz und Pfeffer abschmecken und mit Basilikum und Thymian bestreut servieren.

Cioppino ist eine Erfindung italienischstämmiger Fischer aus San Francisco. Die Suppe wurde traditionell an Bord der Boote zubereitet, und zwar mit dem, was gerade in den Netzen gelandet war. Als Beilage wird knuspriges Sauerteigweißbrot gereicht.

SZECHUAN-LAMM

MIT ZUCKERSCHOTEN

FÜR 2 PERSONEN
ZUBEREITUNGSZEIT: CA. 30 MIN.
PRO PORTION CA. 440 KCAL

400 g Lammlachse
3 EL Hoisinsauce*
6 Shiitake (Pilze)
100 g Zuckerschoten
2 TL Szechuan-Pfeffer*
15 g Ingwer
2 Knoblauchzehen
2 getrocknete Chilischoten
4 kleine Stängel Estragon
2 Frühlingszwiebeln
2 EL Öl
3 Würfel fermentierter Tofu*
2 EL Reiswein
2 EL helle Sojasauce

1 / Das Fleisch von Sehnen und Fett befreien, in Streifen schneiden und mit der Hoisinsauce mischen. Die Pilze putzen, falls nötig trocken abreiben, den Stiel entfernen und die Pilzkappen je nach Größe vierteln oder achteln. Die Zuckerschoten waschen, putzen und schräg in je 2–3 Stücke teilen.

2 / Den Szechuan-Pfeffer in einer Pfanne ohne Fett anrösten, bis er duftet. Ingwer und Knoblauch schälen und fein hacken. Die Chilis entkernen und zerbröseln. Den Estragon waschen und trocken schütteln. Die Blätter abzupfen und hacken. Die Frühlingszwiebeln putzen, waschen, längs in Streifen und diese in 3 cm lange Stücke schneiden.

3 / In einer beschichteten Pfanne 1 EL Öl erhitzen und die Pilze darin bei mittlerer bis großer Hitze ca. 1 Min. braten. Die Zuckerschoten dazugeben und in 1–2 Min. unter Rühren bissfest garen. Das Gemüse herausnehmen.

4 / Wieder 1 EL Öl erhitzen und Ingwer, Knoblauch und Chili bei mittlerer bis großer Hitze ca. 1 Min. anbraten. Das Fleisch dazugeben und ca. 2 Min. unter Rühren mitbraten. Szechuan-Pfeffer, Estragon, Frühlingszwiebeln, Tofu, Reiswein, Sojasauce und das angebratene Gemüse unterrühren. Alles noch ca. 1 Min. heiß werden und den Tofu schmelzen lassen. Das Lamm sofort servieren.

Wer in San Francisco richtig gut und authentisch chinesisch essen gehen möchte, steuert natürlich Chinatown an. Bei diesem scharfen Lammgericht lassen wir unsere Reise noch einmal Revue passieren. Wie passend, sie in der Stadt zu beenden, die ihre berühmte Golden Gate Bridge als »Tor zum Pazifik« bezeichnet!

WEHMÜTIG

Im Licht der Nachmittagssonne strahlt die Golden Gate Bridge in ihrem ganz speziellen Rot. Zum letzten Mal lassen wir den Blick über den Pazifik schweifen. Aber wir kommen wieder, versprochen!

GEWÜRZE, PASTEN, DIPS

DIESE GRUNDZUBEREITUNGEN VERLEIHEN VIELEN GERICHTEN IM HANDUMDREHEN PAZIFISCHE WÜRZE.

PAZIFISCHES GEWÜRZPULVER

2 getrocknete Chilischoten | 1 EL Korianderkörner
1 EL Fenchelsamen | 1 EL Kreuzkümmelsamen
2 TL Muskatblüte (Macis) | 1 Sternanis | 1 TL Tellicherry-Pfefferkörner (ersatzweise schwarze Pfefferkörner) | 1 TL gemahlene Kurkuma

1 / Die Chilis entkernen und mit den übrigen ganzen Gewürzen in einer Pfanne ohne Fett bei mittlerer Hitze unter gelegentlichem Rühren rösten, bis sie duften. Herausnehmen und in einer Gewürzmühle oder im Mörser zusammen mit der Kurkuma zu einem Pulver mahlen.

2 / Die Gewürzmischung hält sich in einem verschlossenen Gefäß etwa 2 Monate. Sie gibt vielen Gerichten ein exotisches Aroma, zum Beispiel Bratkartoffeln, pfannengerührten bzw. Wokgerichten und Eintöpfen, sie eignet sich aber auch sehr gut als Grillgewürz.

GEWÜRZMISCHUNG FÜR FISCH UND HUHN

2 EL Korianderkörner | 1 TL Fenchelsamen
½ TL Schwarzkümmelsamen | ½ TL Kreuzkümmelsamen | ½ TL Bockshornkleesamen | 1 TL schwarze Pfefferkörner | 1 Stück Zimtstange (ca. 5 cm)
1 Sternanis

1 / Die Gewürze in einer Pfanne ohne Fett bei mittlerer Hitze anrösten, bis sie duften, dann mörsern oder in einer Gewürzmühle mahlen. Die Gewürzmischung hält sich in einem verschlossenen Gefäß etwa 2 Monate.

CHILIMARMELADE

10 Schalotten | 8 Knoblauchzehen | 10 g Ingwer
4 EL getrocknete Shrimps* | 6 getrocknete Chilischoten | 1 EL Öl | 3 EL Limettensaft | 5 EL Palmzucker*, gerieben | 1 TL thail. Garnelenpaste (Asienladen) | 1 EL Fischsauce*

1 / Schalotten, Knoblauch und Ingwer schälen und fein hacken. Die Shrimps hacken. Die Chilis entkernen und zerbröseln. Das Öl in einer Pfanne erhitzen und die Schalotten-Knoblauch-Ingwer-Mischung darin bei mittlerer Hitze in ca. 3–4 Min. goldgelb anbraten. Die Chilis ca. 2 Min. mitbraten.

2 / Den Inhalt der Pfanne mit Limettensaft, Palmzucker, Garnelenpaste und Fischsauce mischen und alles mit dem Pürierstab zu einer Paste verarbeiten. Die Paste in der gesäuberten Pfanne erhitzen und bei kleinster Hitze in 15–20 Min. dicklich einköcheln. Vorsicht! Wenn die Marmelade zu sehr einkocht, karamellisiert der Zucker zu einem Klumpen.

3 / Die fertige Marmelade in ein heiß ausgespültes Schraubglas füllen, abkühlen lassen und verschlossen im Kühlschrank aufbewahren. Sie ist dort mehrere Monate haltbar und eignet sich prima, um damit Suppen und pfannengerührte Gerichte zu würzen.

MEISTERBRÜHE

3 Knoblauchzehen | 20 g Ingwer | 1 getrocknete Chilischote | 1 l Geflügelfond (ersatzweise Hühnerbrühe) 50 ml Reiswein | 50 ml süße Sojasauce* | 50 ml helle Sojasauce | 100 ml Austernsauce* | 1 Zimtstange 2 Sternanise | 2 Kaffir-Limettenblätter* | 1 Stück Schale von 1 Bio-Orange (ca. 12 cm)

1 / Knoblauch und Ingwer schälen und fein hacken. Die Chilischote entkernen und zerbröseln. Alle Zutaten in einem Topf zum Kochen bringen und ca. 30 Min. zugedeckt bei kleiner Hitze köcheln lassen, bis sich die Aromen verbunden haben. Die Meisterbrühe durch ein feines Sieb gießen, am besten portionsweise einfrieren, beim nächsten Gebrauch evtl. mit etwas Geflügelfond oder Hühnerbrühe verdünnen und nachwürzen.

2 / Die Meisterbrühe wird immer wieder neu aufgekocht und verlängert, und die Reste werden aufgehoben als Ansatz fürs nächste Mal – ähnlich wie der Sauerteig beim Bäcker.

ROTE CURRYPASTE

1 EL getrocknete Shrimps* | 1 rote Zwiebel 5 Knoblauchzehen | 25 g Galgant* | 1 Stängel Zitronengras* | 4 Korianderwurzeln* | 8 getrocknete Chilischoten | 1 TL Kreuzkümmelsamen 1 TL Korianderkörner | 1 TL schwarze Pfefferkörner 3 Sardellenfilets (in Salz)

1 / Die getrockneten Shrimps ca. 15 Min. in heißem Wasser einweichen und abgießen. Zwiebel, Knoblauch und Galgant schälen und fein hacken. Vom Zitronengras die äußeren Hüllblätter entfernen, das untere Drittel fein hacken. Die Korianderwurzeln putzen, waschen und in Stücke schneiden. Die Chilis entkernen und zerbröseln. Kreuzkümmel, Koriander und Pfefferkörner in einer Pfanne ohne Fett anrösten und in einer Gewürzmühle oder im Mörser zerkleinern.

2 / Die Sardellenfilets abbrausen, ausdrücken und grob hacken. Sämtliche Zutaten mit dem Pürierstab zu einer glatten Paste verarbeiten. Die Paste in ein heiß ausgespültes Schraubglas geben. Sie hält sich im Kühlschrank 4–6 Tage, portionsweise eingefroren mehrere Monate. Unentbehrlich für thailändische Currys, gibt sie auch anderen Gerichten scharfe Würze.

SAMBAL

15 getrocknete Chilischoten | 1 mittelgroße Zwiebel 3 Knoblauchzehen | 20 g Galgant* | 2 Stängel Zitronengras* | 1 Tomate | 1 EL Öl | 3 EL Palmzucker*, gerieben | 2 EL Fischsauce* | 2 EL Tamarindenpaste* 1 ½ TL Salz | 1 ½ EL Limettensaft

1 / Die Chilischoten in einer Schüssel mit kochendem Wasser übergießen und 10 Min. einweichen lassen, dann abgießen.

2 / Zwiebel, Knoblauch und Galgant schälen und fein hacken. Vom Zitronengras die äußeren Hüllblätter entfernen und das saftige untere Drittel fein hacken. Die Tomate kreuzweise einritzen, mit kochendem Wasser überbrühen, häuten und halbieren. Stielansatz und Kerne entfernen und das Fruchtfleisch grob würfeln. Alle vorbereiteten Zutaten mit dem Pürierstab zu einer glatten Paste verarbeiten und durch ein Sieb streichen.

3 / Das Öl in einer Pfanne erhitzen. Die Würzpaste mit Zucker, Fischsauce und Tamarindenpaste dazugeben und alles bei mittlerer Hitze unter Rühren ca. 10 Min. einköcheln, bis die Paste zähflüssig wird und duftet. Die Paste mit Salz und Limettensaft abschmecken – Achtung, sie ist sehr scharf!

4 / Die fertige Paste in ein heiß ausgespültes Schraubglas geben und im Kühlschrank aufbewahren. Sie hält sich dort ca. 4 Wochen. Sie gibt vielen Gerichten einen Schärfekick und kann als scharfer Dip anstelle von gekauften Chilisaucen serviert werden.

GLOSSAR

ZU SPEZIELLEN ZUTATEN

AUSTERNSAUCE: Eine dickflüssige, braune Würzsauce, die besonders Wokgerichten einen runden, leicht salzigen Geschmack verleiht. Ursprünglich aus fermentierten Austern hergestellt, heute meist auf Basis von Austernextrakt. Ist erhältlich in Asienläden und gut sortierten Supermärkten und lange haltbar.

CHINKIANG-ESSIG: Auch Jinxiang-Essig, aromatisch-milder chinesischer Reisessig mit dunkler Farbe. Man verwendet ihn für Dips und zum Abschmecken von Suppen, Saucen und Wokgerichten. Erhältlich in Asienläden; ersatzweise kann man Aceto balsamico benutzen.

FISCHSAUCE: Klare, rötlich-braune Würzsauce aus fermentierten Fischen, die in vielen südostasiatischen Küchen zum Salzen und Würzen eingesetzt wird. Sie riecht gewöhnungsbedürftig, gibt Gerichten aber einen unvergleichlich runden Geschmack. Erhältlich in Asienläden und gut sortierten Supermärkten.

FÜNF-GEWÜRZE-PULVER: Die chinesische Gewürzmischung (auch: Five Spice Mix) enthält Sternanis, Fenchel, Szechuanpfeffer, Nelken und Zimt. Sie wird vor allem für Fleischgerichte verwendet. Erhältlich im Asienladen und in gut sortierten Supermärkten.

GALGANT: Die Rhizome sehen frischem Ingwer ähnlich, mit dem der Galgant tatsächlich verwandt ist. Er hat aber einen schön zitrusfrischen Duft und einen etwas pfeffrigeren Geschmack. Verwendet wird er wie Ingwer und kann durch diesen ersetzt werden. Galgant ist in Asienläden und gut sortierten Supermärkten erhältlich.

HOISINSAUCE: Dickflüssige, dunkle Sauce auf Basis von fermentierten Sojabohnen, die süßsauer und kräftig aromatisch schmeckt. Sie passt als Dip oder Würze vor allem zu Fleischgerichten und ist in Asienläden und gut sortierten Supermärkten erhältlich.

KAFFIR-LIMETTENBLÄTTER: Auch Makrut-Limettenblätter genannt. Sie verleihen Gerichten ein intensiv zitrusduftiges Aroma. Meist werden sie im Ganzen mitgekocht und vor dem Essen entfernt, denn sie sind ziemlich zäh. In feine Streifen geschnitten, können sie aber mitgegessen werden. Sie sind in Asienläden erhältlich, können problemlos eingefroren und bei Bedarf einzeln entnommen werden.

KORIANDERWURZELN: In Asienläden wird Koriandergrün in der Regel mit der Wurzel verkauft, denn die ist sehr aromatisch und wird gerne für Würzpasten oder Dips verwendet. Wurzeln, die Sie nicht sofort brauchen, können Sie auch einfrieren.

OKRASCHOTEN: Die Früchte einer Malvenart, die als Gemüse gegessen werden. Sie geben beim Kochen eine schleimige Substanz ab, die Saucen eindickt. Okra gibt es in Asienläden, oft auch in türkischen oder afrikanischen Lebensmittelgeschäften.

PALMZUCKER: Wird aus den Blütenständen bestimmter Palmen gewonnen und schmeckt leicht karamellig. In Asienläden wird er in Form von harten, gelben Küchlein angeboten, von denen Sie die benötigte Menge am besten mit einer Rohkostreibe abraspeln. Palmzucker ist in Asienläden und gut sortierten Supermärkten erhältlich. Als Ersatz eignet sich Rohrohrzucker.

PANDANUSBLÄTTER: Die langen, schmalen Blätter besitzen ein delikates, duftiges Aroma und würzen süße wie herzhafte Gerichte. Sie werden nicht mitgegessen. Es gibt sie in gut sortierten Asienläden, und sie lassen sich problemlos auf Vorrat einfrieren. Falls Sie keine finden, sehen Sie sich im Asienladen nach Pandanessenz um – am besten nach einer Sorte, die ohne giftgrüne Farbstoffe auskommt.

PANKO: Die Semmelbrösel aus japanischem Weißbrot sind luftiger als unser Paniermehl. Es gibt sie im Asienladen; wer keine findet, nimmt einfach gewöhnliche Semmelbrösel.

PILZSOJASAUCE: Eine Sojasauce mit Pilzextrakten, die Gerichten ein feines Pilzaroma verleiht und wie Sojasauce verwendet wird. Sie ist in Asienläden erhältlich, oft unter der Bezeichnung Mushroom Soya/Soy Sauce. Ersatzweise können Sie helle Sojasauce verwenden.

SCHNITTLAUCH, CHINESISCHER: Auch Schnittknoblauch. Er besitzt längere, festere und etwas breitere Blätter als gewöhnlicher Schnittlauch und schmeckt intensiver. Wer im Asienladen keinen findet, kann ihn durch Frühlingszwiebeln oder eine etwas größere Menge Schnittlauch ersetzen.

SESAMÖL, GERÖSTETES: Während normales helles Sesamöl neutral schmeckt, hat Öl aus geröstetem Sesam eine dunkle Farbe, einen intensiven Geruch und einen nussartigen Geschmack. Es dient als Würze für viele asiatische Gerichte. Erhältlich ist es in Asienläden und vielen gut sortierten Supermärkten.

SHRIMPS, GETROCKNETE: Vorgekocht und dann getrocknet, werden sie zum Würzen eingesetzt, weil sie Gerichten eine gehörige Portion Umami mitgeben. Vor der Verwendung werden sie meist in Wasser eingeweicht. Es gibt sie in Asienläden in den verschiedensten Größen: Kleine, kräftig pinkfarbene Exemplare sind am besten. Die frischesten finden sich in der Tiefkühltruhe. Für die Rezepte in diesem Buch wurden ca. 1 cm kleine getrocknete Shrimps verwendet.

SOJASAUCE, SÜSSE: Diese fast schwarze, dickflüssige Sojasauce besitzt einen kräftig süßen, würzigen Geschmack und eignet sich zum Marinieren, Würzen und als Dip. Die indonesische Sorte Ketjap Manis ist die bekannteste süße Sojasauce. Erhältlich im Asienladen und in gut sortierten Supermärkten.

SZECHUAN-PFEFFER: Botanisch ist das Gewürz kein Pfeffer, aber es liefert eine zitronig-aromatische Schärfe, die gerade in der chinesischen Küche sehr beliebt ist. Szechuan-Pfeffer gibt es in Asienläden und gut sortierten Supermärkten. Falls Sie in der Packung die kleinen, schwarzglänzenden Samen finden, sortieren Sie sie aus: Sie sind sehr hart und hinterlassen ein »sandiges« Gefühl. Verwendet werden nur die braunen Samenhüllen.

TAMARINDENPASTE: Wird aus der Frucht des Tamarindenbaums gewonnen und verleiht Gerichten einen süßsäuerlichen, fruchtigen Geschmack. Traditionell wird für die Paste gepresste Tamarinde (gibt es im Block im Asienladen) in etwas kochendem Wasser eingeweicht und durch ein Sieb gestrichen. Im Asienladen gibt es die Paste oft schon fertig im Glas; sie enthält allerdings in der Regel allerlei Zusatzstoffe. Als Ersatz eignet sich Limettensaft.

THAI-SCHALOTTEN: Sie sind purpurrot, mildsüßlich und besonders aromatisch. Es gibt sie in Asienläden; wer keine bekommt, verwendet gewöhnliche Schalotten.

TOFU, FERMENTIERTER: Wird in Würfeln entweder in Chiliöl oder in Reissauce eingelegt und im Asienladen im Glas angeboten (meist nur gekennzeichnet als »preserved tofu«). Der sehr weiche Tofu zerfällt beim Kochen. Sein intensiver, für manche gewöhnungsbedürftiger Geschmack gibt manchen asiatischen Gerichten das gewisse Etwas.

UDON-NUDELN: Japanische dicke Weizennudeln mit sehr elastischem Biss. Frische Udon-Nudeln gibt es in Asienläden, getrocknete auch in gut sortierten Bio-Supermärkten.

ZITRONENGRAS: Die Stängel dieser grasartigen Pflanze duften und schmecken intensiv zitrusfrisch. Verwendet wird entweder das fein gehackte untere Drittel ohne die harten Hüllblätter oder der ganze Stängel, der dazu aufgeklopft und nach dem Kochen wieder entfernt wird. Frisches Zitronengras hält sich im Gemüsefach des Kühlschranks ein bis zwei Wochen. Man kann es auch gehackt portionsweise einfrieren. Erhältlich in Asienläden und gut sortierten Supermärkten.

REGISTER

H

I/J

K

L

M

N

Q/R

S

T

U/W

Y

Z

IMPRESSUM

Projektleitung: Sabine Sälzer
Lektorat: Sabine Schlimm
Korrektorat: Petra Bachmann
Layout, Typografie, Umschlaggestaltung:
Independent Medien-Design, Horst Moser, München
Satz: Marion Feldmann
Rezeptfotos: Silvio Knezevic
Foodstyling: Sven Christ
Propstyling: Barbara Dodt
Fotoassistenz: Andreas Kusy
Reisefotos: Heidi Köster
Illustrationen: Claus Hiltner
Herstellung: Susanne Mühldorfer
Repro: medienprinzen, München
Druck: aprinta, Wemding
Bindung: Conzella, Pfarrkirchen

Syndication:
www.seasons.agency

1. Auflage 2017
ISBN 978-3-8338-6157-4

www.facebook.com/gu.verlag

DIE AUTOREN

Heidi Köster und **Claus Hiltner** waren auf ihren zahlreichen Reisen im Pazifikraum fasziniert von Landschaften und Leuten, vom Schmelztiegel der Kulturen, von Kochtraditionen und persönlichen Begegnungen. In diesem Buch sind die Highlights ihrer Geschichten, Rezepte, Reisefotos und teils an Ort und Stelle angefertigten Illustrationen gesammelt.

DER FOODFOTOGRAF

Silvio Knezevic, freier Fotograf, arbeitet in seinem Studio in München erfolgreich für verschiedene Magazine, Unternehmen und Verlage. Beim Shooting der Pazifikküche wurde er tatkräftig unterstützt von **Sven Christ**, **Barbara Dodt** und **Andreas Kusy**.

Bildnachweis:
Alle Rezeptfotos: Silvio Knezevic
Alle Reisefotos: Heidi Köster
Alle Illustrationen: Claus Hiltner
Autorenfotos: privat
Karten-Grafiken (14): Shutterstock
Cover: Florian Freimann

Backofenhinweis:
Die Backzeiten können je nach Herd variieren. Die Temperaturangaben in unseren Rezepten beziehen sich auf das Backen im Elektroherd mit Ober- und Unterhitze und können bei Gasherden oder Backen mit Umluft abweichen. Details entnehmen Sie bitte Ihrer Gebrauchsanweisung.

QUALITÄTS G|U GARANTIE

DIE GU-QUALITÄTS-GARANTIE

Wir möchten Ihnen mit den Informationen und Anregungen in diesem Buch das Leben erleichtern und Sie inspirieren, Neues auszuprobieren. Alle Informationen werden von unseren Autoren gewissenhaft erstellt und von unseren Redakteuren sorgfältig ausgewählt und mehrfach geprüft. Deshalb bieten wir Ihnen eine 100%ige Qualitätsgarantie. Sollten wir mit diesem Buch Ihre Erwartungen nicht erfüllen, lassen Sie es uns bitte wissen! Wir tauschen Ihr Buch jederzeit gegen ein gleichwertiges zum gleichen oder ähnlichen Thema um. Wir freuen uns auf Ihre Rückmeldung, auf Lob, Kritik und Anregungen, damit wir für Sie immer besser werden können.

GRÄFE UND UNZER Verlag
Leserservice
Postfach 86 03 13
81630 München
E-Mail:
leserservice@graefe-und-unzer.de

Telefon: 00800 / 72 37 33 33*
Telefax: 00800 / 50 12 05 44*
Mo–Do: 9.00 – 17.00 Uhr
Fr: 9.00 – 16.00 Uhr
(gebührenfrei in D, A, CH)*

Ihr GRÄFE UND UNZER Verlag
Der erste Ratgeberverlag – seit 1722.

KV

GRÄFE UND UNZER
Ein Unternehmen der
GANSKE VERLAGSGRUPPE

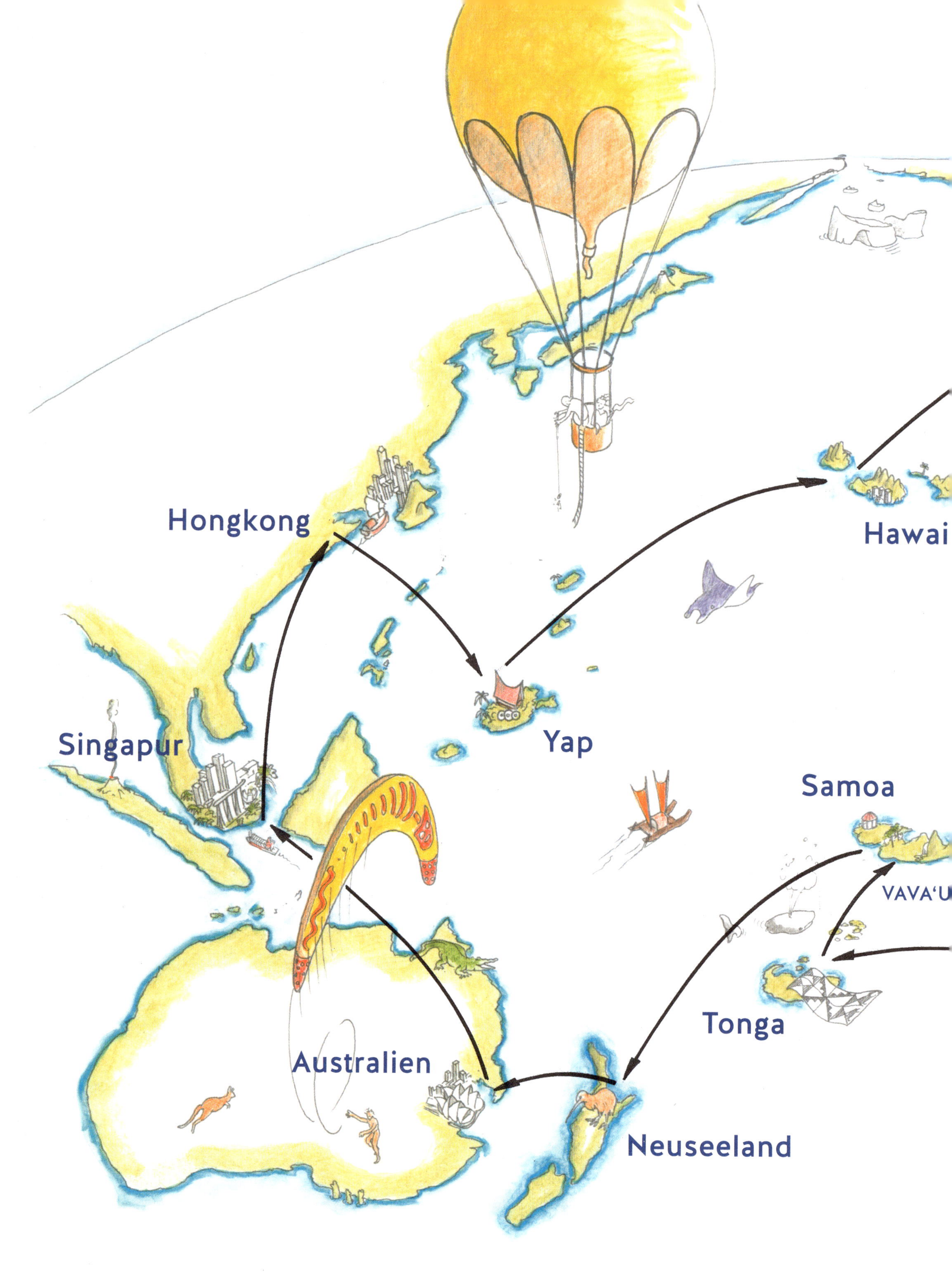
Hongkong
Hawai
Singapur
Yap
Samoa
VAVA'U
Tonga
Australien
Neuseeland